初中语文目标教学浅论

汤胜 著

安徽师范大学出版社

· 芜湖 ·

图书在版编目(CIP)数据

初中语文目标教学浅论 / 汤胜著.—芜湖:安徽师范大学出版社,2018.10
ISBN 978-7-5676-3416-9

Ⅰ.①初… Ⅱ.①汤… Ⅲ.①中学语文课 – 教学研究 – 初中 Ⅳ.①G633.302

中国版本图书馆CIP数据核字(2018)第048592号

初中语文目标教学浅论 　　　　　　　汤胜　著

责任编辑:辛新新
装帧设计:任　彤
出版发行:安徽师范大学出版社
　　　　　芜湖市九华南路189号安徽师范大学花津校区

网　　　址:http://www.ahnupress.com/
发 行 部:0553-3883578　5910327　5910310(传真)
印　　刷:虎彩印艺股份有限公司
版　　次:2018年10月第1版
印　　次:2018年10月第1次印刷
规　　格:710 mm × 1000 mm　1/16
印　　张:14.25
字　　数:190千字
书　　号:ISBN 978-7-5676-3416-9
定　　价:39.80元

前　言

一

　　你必须以一棵树的姿态，以隐忍、坚韧，以内心的年轮，守望石头孵化，苞芽萌动，大地春暖花开……

　　2012年7月，当我的第一本小书《语文高效课堂——基于目标·知识·活动的研究》经安徽教育出版社出版时，在前言的最后一段，我引用了北君老师《走进冬天》中的这句诗。如今，这本《初中语文目标教学浅论》书稿即将付梓，内心依然对这句话充满感动，是以引在卷首。

　　自2008年接触目标教学理论以来，已有十个年头。十年来，从学习到研究，时光悄悄流逝，过程却也丰满。其中，两项目标教学研究课题顺利结题，十几篇专题研究论文发表，三本专题研究论著出版发行，个人三节教学课获省级、国家级一等奖，两项研究均获得安徽省教育厅教学成果评比二等奖……

　　回首十年，恍如一瞬。其间最值得回忆和留恋的不在于最终的结果和收获，而在于过程和坚持。

二

任何一项研究在本质上都应该是基于问题本源和解决策略的研究，目标教学研究同样如此。

目前，初中课堂目标教学存在的最核心问题是教学目标落实效度的问题，主要体现在以下方面：教学目标设定的不合理、教学目标与活动融合的不够、教学目标达成效度欠佳等；从解决策略角度而言，目标教学理论的学习、消化和积淀，目标教学策略的构建以及课堂目标教学实践的探索与尝试都需要持续深入下去。

在教学目标设定研究层面，首先，要思考的是课堂教学目标与课程标准、单元教学要求、文本教学内容及学情融合开发的问题。语文课堂教学目标没有一个现成的、能拿来就用的成熟系统，目标开发和设定总离不开对上述相关要件的分析和整合。因此，如何分析和整合，不仅仅需要理论方面的论证和阐释，更需要大量目标开发实例的借鉴和支撑。其次，教学目标也是课堂教学实践的一个构成要素，所以还需要在开发时考虑它的达成性问题。如果深入地学习目标教学理论就会发现，很多研究目前已深入以上领域，单从教学目标设定方面来说，具体化、易操作和可达成是其基本要求。

在教学目标与活动融合研究层面，教学目标一定要与课堂教学活动有机融合，教学才能有更好的成效。这种融合，可以体现在教学目标内容上必须包含一定的教学活动安排，也可以是在课堂教学过程中目标内容与活动构建的一体化。这方面，马杰的行为目标理论及格兰朗德的目标表述方法都是可借鉴的，国内很多学者在此基础上做改进与提高。

在课堂目标教学策略研究层面，目标教学研究不能仅仅停留在理论学习和教学实践观摩这种两头分离状态，还需要有一定的教学策略做中间支撑,这样理论和实践才能有机结合,形成整体。"目标引领、活动达成"的教学思路是在这方面的初始尝试,它从目标教学理论阐述、教学模型构建到课堂目标教学实践探索等方面提供了一种系统思维。

以上就是本书所研究和探讨的主要内容。

三

《论语·述而》有言:"志于道,据于德,依于仁,游于艺。"在教育教学研究中,"艺"虽然是最接近实践层面的行为,但是最下位的概念,更重要的还有"仁""德""道"思想。

写到这里,不禁想起2014年第24期《读者》上曲冰的一篇文章《从死亡里回溯人生》,文章讲述了一个感人的故事:

> 大连有一个高中肖姓老校长去世,告别仪式上,一百多位来宾出席,每位来宾讲述一段与肖老的往事。一位女士说:"我住在肖老的楼上,家里有个不打不练琴的孩子。每天,让他练琴之前先打骂一番。后来有一天,肖老上楼来敲门,给我儿子带来了许多礼物,有书有玩具。肖老对我儿子说:我每天在你楼下,免费听你弹琴,这点礼物算作是感谢吧,谢谢你让我每天都可以听到那么优美的琴声。从此,我再没有为练琴的事打过儿子,他因为楼下有双欣赏他乐曲的耳朵而变得很努力,这是我儿子刚刚通过钢琴十级的证书……"

如果把这则故事当作一个教育素材来辨析,"学好钢琴"是孩子母亲和老校长共同的教学目标,但在具体的教学行为上,孩子母亲选择使用"打""骂"的教育方式,老校长却运用了赏识激励的教育方式,这些教育方式也可以视为教学活动。教学活动不同,孩子在学习中的体验和感受就不同,发展或许会不同。也许孩子最终都能顺利地完成学习,达到一定的结果,但人的学习和发展不完全体现在外在的结果上,内心隐性人格的培育和形成才是教育最大的价值。

抛开目标和活动中这些"艺"的层面的问题,母亲和老校长的教育方式为什么有这么大的差异呢?行为的背后是思想和理念,而这恰恰需要从"仁""德""道"的层面来思考和观照。对于从事教育的人,思想和行动同样重要,这才是教育和教育研究的真正意义。

四

当这本书稿即将完成的时候,我的内心还是有许多触动和感受。对于一项研究来说,这是一个阶段的结束;对于教育教学而言,却是一个新的开始。

在研究和实践中,教育不仅仅需要理论和行动,更需要思想和情怀,即一种深耕教育不断思考的求真意识和甘于寂寞不慕繁华的执着精神。思想让我们能更好地辨识方向,情怀让我们有勇气前行。当下的教育,不乏百家争鸣式的理论,也不乏百花齐放式的行动。但我们更需要一种对"以人为本""立德树人"本真思想进行持续深入的思考和不断践行的精神。教育最终面对的是个体的人,着眼的是人的终身发展。对于每一个个体而言,教育都是唯一的,价值也是唯一的。

书稿写作时,恰逢2018年元月28日的一场大雪,有感于教育,自题一首名为《雪》的小诗,是为结语。

季节走尽
冬寒便如约而至

心如素洁

遮掩昔日热闹，繁华

玉树琼花，终归虚无

也该到了素朴的时令

天空是另一个家园

雪下得执着，厚实而深沉

忘记身边的冷，慌乱

还有肤浅

总该有一场大雪

找寻销蚀的童真，欢舞

与腊梅的馨香

雪野鹅黄的笑脸

荒草下萌动的生机

严寒是将到的温暖

天地张罗着喜悦与丰收

汤　胜

二〇一八年三月五日

目　录

理　论　篇

实 践 篇

理论篇

第一章　目标教学研究的价值意义

一、目标教学研究相关概念

(一)何谓"教学目标"

所谓教学目标,是指"教学中师生预期达到的学习结果和标准"①,是对学习者通过学习之后将能够做什么的一种明确、具体的表述,主要描述学习者通过学习后预期产生的行为变化。百度百科对教学目标的诠释是:指教学活动实施的方向和预期达成的结果,是一切教学活动的出发点和最终归宿,它既与教育目的、培养目标相联系,又不同于教育目的和培养目标。百度百科中教学目标定义的最大意义和亮点是,指出了教学目标不仅是教学活动预期达成的结果,还是教学活动实施的方向。这一阐释的意义在于扩大了教学目标的外延,使教学目标的制定更便捷。按教学目标的这一性质,教学目标一旦确立,就会影响教学行为和教学过程,它是教学活动的调节者,对教学行为和教学过程有定位、导向、规范和提升的作用。

一般意义上教学目标可分为课时教学目标、阶段教学目标、学

---

① 顾明远.教育大辞典(增订合编本)(上)[M].上海:上海教育出版社,1998:717.

期教学目标、学年教学目标。但对于教师的日常教学而言,课时教学目标直接适用于课堂教学,因此研究的意义更大。本书所阐述的教学目标就是指在课堂教学过程中实施的课时教学目标,或称为课堂教学目标,简称教学目标。

(二)目标教学研究

目标教学研究是一种以目标教学策略研究为核心内容,以课堂教学目标设定及实施为主线,以课堂教学目标落实及达成为出发点的课堂教学行动研究。目标教学研究关注以下研究内容:

1.教学目标开发

课堂教学目标开发是指对教学目标进行研究并准确设定。设定的依据是课程标准、教学内容、学生学情等相关教学要素。设定的要求是目标的表述要清晰、明确,目标的设定要具体化、易操作和可达成。另外,教学目标的开发不仅要考虑到目标在教学中的互动生成性特点,还要考虑教学达成效果和进行评价的问题。

2.课堂教学活动

目标教学研究涉及的课堂教学活动不局限于教师为教学组织的一些具体的体验式活动,它所涵盖的范围很广泛。课堂教学活动应指课堂学习的全过程,是师生为达成教学目标而在课堂上发生的一切教学行为,既包括外显性的答问、讨论及陈述等学习活动,又包括内隐性的记忆、思考及推理等学习活动。教师要研究课堂教学活动,还要深入理解和领会目标教学背景下课堂教学活动的层次性。第一,最基本的研究是要组织构思好以学生外显性行为为主的学习活动;第二,要充分地引导学生学会将内隐性心理学习过程展示出来,以强化学习成效,丰富课堂教学资源;第三,教师需要思考如何构建更好的活动形式,安排更好的活动环节,以便有效地达成课堂教学目标。

3.教学目标达成

教学目标达成是指课堂教学目标的落实。教学目标达成度是否高,是指学生已有知识能力的发展度是否高,学生的思维程度训练是否到位,它是衡量教学效果的标尺。随着国内目标教学研究的深入发展,对目标达成情况的评价的研究也有较多的成果,较早的有注重教学测量的"三维评价法"①。目前,教学研究中对教学目标达成情况进行衡量更多的是采用形成性评价,包括对学生在日常学习过程中的表现、取得的成绩以及反映出的情感、态度、策略等方面的发展做出评价,这种评价的方式有课堂观察、课堂教学测评、课堂记录等。

4.目标教学策略

目标教学策略的构建是目标教学研究的最高形态,也是提升教师教学水平、提高课堂教学效益、促进教育教学改革和发展的重要因素。目标教学策略的构建是一项系统工程,内容涵盖目标教学思想、教学目标设定标准及要求、课堂教学思路及实施方法。目标教学策略的核心内容是将课堂教学目标与教学活动过程进行整合,从而完成教学目标的思想及行为方式。

二、目标教学问题分析

(一)教学目标设定层面的问题

目前,在课堂教学过程中,教学目标设定层面存在的问题仍然是教学研究中较为常见的问题。具体表现在以下方面:

1.机械地罗列三维目标

一些教师对于课程标准中三维目标的理解和实施仍无所适从,在课堂教学中不是将三维目标割裂,就是生搬硬套地将三维目标作

---

① 郑国雄.目标达成度的三维评价法[J].科学教育,1995,1(1):26.

机械罗列。

比如《闻一多先生的说和做》中的教学目标设定：

知识与能力目标

（1）了解闻一多先生。

（2）整体把握课文，领会文章的思想内容。

（3）学习本文围绕中心进行选材和剪裁的方法。理解过渡段的作用。理解叙述、描写、议论、抒情相结合的写作手法。

过程与方法目标

（1）指导学生反复朗读，以领悟文意，体会语言的优美和抒情性。

（2）品味文中生动形象的语言，理解作者对闻一多先生赞美与敬重之情。

（3）引导学生学以致用，用恰当的方式表达对闻一多先生的敬意。

情感态度与价值观目标

学习闻一多先生严谨治学的态度、汹涌澎湃的爱国热情和言行一致的高尚品格。

粗略一看，以上设定的教学目标是完全落实了新课程标准中三维目标的要求，但认真思考，这些目标繁多而杂乱，不但目标与目标间缺乏有机的融合与联系，而且无法切实有效地引领课堂教学活动的开展。针对这个问题，笔者在《语文高效课堂——基于目标·知识·活动的研究》一书中做过这样的论述：新课程标准首先提出了三维目标的教学理念，这是在课程标准的前言"课程标准的设计思路"部分提出的，"课程目标根据'知识与能力、过程与方法、情感态度与价值观'三个维度设计。三个方面相互渗透，融为一体，注重语文素养的整体提高"。①

在对语文教学三维目标的认识上,郑桂华老师有一段论述,分析较为透彻②:

(1)三维目标有机融合,而不是互相独立;(2)侧重于知识、能力目标,以知识、能力目标带动情感目标;(3)情感目标是文章中的应有之意,自然生成,不能生硬嫁接,甚至无中生有;(4)不是任何一篇学习材料都需要设定三维目标;(5)一篇课文有相对具体、集中的目标,避免目标散漫;(6)任何目标都不可能靠一堂课、一篇课文的学习真正达到,知识帮助学生接近目标。

2.教学目标设定不尽合理、规范

北京师范大学张秋玲教授曾直言不讳地指出:"语文课堂教学目标设定的笼统、含糊、抽象、空泛已是一种常态,也成了一种沉疴","目标不仅不具备教学操作性,也没有学习完成后应达成的最低指标,更没有科学量化的检测标准。某种意义上,教学目标的无指向性是造成语文教学'放胖''随意''低效'的根本原因,直接制约着语文教学的清晰性及教学过程的一致性"。③

语文课堂教学目标设定不合理、不规范的问题不完全是目标设定方向与内容上的问题,也有目标设定技术操作层面的问题。而目标设定技术操作层面的问题导致的目标空泛模糊的现象显得更为突出。如以下案例分析的情况:

① 汤胜.语文高效课堂——基于目标·知识·活动的研究[M].合肥:安徽教育出版社,2012:17.

② 郑桂华.语文有效教学——观念·策略·设计[M].上海:华东师范大学出版社,2009:99.

③ 张秋玲.语文教学设计:优化与重构[M].北京:教育科学出版社,2012:142.

《沁园春·雪》教学目标问题分析

马鞍山市第八中学　李玮

【教学目标样本】

（1）在反复诵读中品味词的语言，体会词中情感。

（2）展开想象，领略词的意境，提高品评鉴赏词的能力。

（3）感受词中洋溢的青春气息和英雄气概，领略词人崇高的精神和人格。

【样本问题分析】

现代教学论认为，教学目标的实质就是对学生学习结果的预期。为了让学生更好地理解课文，所以设定一份合理的教学目标就显得尤为重要了。

案例中的目标设定符合基本的目标要求，但没有确定目标的核心、层级关系，目标序列也不明确。其一，本单元的教学重点是"感受诗歌的情感意象，进而体会诗歌所抒发的思想感情，鉴赏表达技巧"，但是"意象"这个关键的字眼并没有在李老师设定的教学目标里出现。其二，该目标在陈述时也出现了要求不明的问题。例如目标（2）中的"提高品评词的鉴赏能力"，这个目标对学生学习活动的要求很空洞。教学目标既然是对学生学习活动结果的规定，就应该对活动的内容和形式提出具体的要求，而不是笼统地说"提高"。对于学生来说，对学习哪些知识、经受哪些训练以及学到什么程度才算"提高"了品评鉴赏词的能力是茫然的。其三，在目标的陈述中，措辞不够明确具体。例如目标（1）中的"体会"，目标（2）中的"领略"以及目标

（3）中的"感受"都是模糊的语言。这些模糊的语言必然会影响到学生预期学习结果全面、准确而具体的表达。

（二）目标教学层面的问题

目标教学的问题是课堂教学行动和实践研究层面的问题。就目标教学来说，大致存在两方面的问题：一方面是教学过程中教师的教学目标意识淡薄，另一方面是教学结果上目标达成度不高。

在很多语文课堂上，教学目标仅在形式上存在于教学设计中，造成教学目标的纸面化倾向。在这些语文课堂上，教学目标不是没有，而是没在教学中发挥什么作用，这些教学目标充其量只是课堂教学设计中的一部分内容或是语文课教学的一个方向，至于学生在学习中要走到哪里、怎么走、走得怎么样，很多教师没有这方面的意识。语文课堂教学目标与课堂教学过程脱节是一个相当普遍的现象，就连在公开教学研讨课或展示课上，很多听评课教师都把注意力放在开课教师教学内容的设定与教学环节的处理上，很少有人思考教学过程与教学目标相契合的问题。

另外，还有一部分教师在课堂教学中对于目标没有达成意识。这一种情况在课堂教学中表现为教师只管自己教，不管学生学；教师只管自己教得精彩不精彩，不管学生学得有效没效。这些问题也是课堂教学品质提升需要面对的首要问题，也是高效课堂建设必须解决的迫切问题。客观地说，目前课堂教学中教学目标存在的问题并不完全是简单的重视与不重视问题，而是教师对于教学目标研究与实施的能力和水平问题。目标教学重视对教学目标的开发研究外，更应该重视对教学实践层面的教学目标达成度的研究。这种从目标开发静态层面研究导向课堂教学实践动态层面研究是目标教学研究的必然趋势，也是目标教学研究深化发展的必由之路，但目前这方面的研究工作仍需扎实推进。

综合来看,目标教学研究仍呈现出理论研究多、学习性研究多、目标优化设计研究多等"三多"现象,而对于目标实施过程研究、目标教学活动研究及目标达成度研究存在"三少"现象,这种"三多三少"的现象让目标教学研究浮于表面,无法深入推进。以一则公开课教学设计分析为例:

《春酒》教学设计

一、教材分析

本文是人教版语文八年级下册第四单元的课文,本单元以民俗文化为主题,所选文章反映了我国多姿多彩的民俗文化。《春酒》一文,文字浅显,但是意蕴深厚。作者用纯真细腻的笔触,回顾了故乡浓郁的风土人情,营造了一种温馨隽永的节日氛围,充满了对童年、对母亲、对故乡的真挚而深厚的怀念。

(一)教学目标

(1)精读课文,品味精彩语言,关注细节描写,感受作品的风俗之美、人情之美。

(2)根据积累的生活经验,创设阅读氛围,领会文章的情致,感受作品的意蕴。

(3)体会作者对故乡、亲人的思念,对两岸同根的血脉文化形成一定认识。

(二)教学重点

领会作者在生动传神的描写中流露出来的思念家乡、思念亲人的思想感情。

(三)教学难点

引导学生理解作品的思乡怀旧之情。

二、学情分析

八年级的学生已经接触过一些散文篇目,思想渐趋深刻,分析问题的能力比七年级的学生有很大提高,初步掌握了一般记叙文的学习方法,能自选角度切入文章。如:从修辞角度分析语言特点;通过语言、动作、外貌等描写分析人物性格;对谋篇布局进行简单评价。本文语言流畅优美,描写过大年的情景生动而颇具情趣,能够引起学生的兴趣。学生对于新年的快乐气氛是有体验的,要能够引导学生结合自身体验感受文中对过大年情景的生动描写。对于本文中蕴涵的思念故乡、亲人的深情,学生因阅历有限较难产生共鸣。教师应适时补充介绍琦君的身世和经历,使学生在知人论世的基础上对作品有较为深刻的理解。

三、教学法分析

依据初中语文新课程标准,"要重视学生思维能力的发展",要求学生能在通读课文的基础上,理清思路,理解主要内容,体味和推敲重要词句在语言环境中的意义和作用,使学生在对课文进行探究的过程中领悟文章内容,理解作品的思想情感。

教具准备:多媒体课件。

课时安排:1课时。

四、教学流程

(一)导入新课,激发兴趣

(二)整体感知,理清思路

(1)在《春酒》一文中,作者记叙了哪几件事?

(2)在这几件事中出现了哪些人物?

(三)研读赏析,品味语言

细节描写是指抓住生活中细微而又具体的典型情节,加以生动细致的描绘。

细节描写的常见方法:

（1）动态造型：运用动词，对描写对象做动态造型。

（2）静态描摹：对人物或事物的某个部位做细节描写，如眼睛、手、脸等。

（3）运用修辞：运用比喻、夸张等修辞手法。

（四）感悟主旨，迁移拓展

作者介绍：琦君，现当代女作家，被誉为"台湾文坛上闪亮的恒星"。原名潘希真，1918年生于温州。她12岁随家迁居杭州，毕业于杭州浙江大学中文系。1949年迁至中国台湾，曾任台湾中国文化学院等教授。后定居美国。自去中国台湾以后，50多年了，琦君再也没有回过故乡温州。

（五）课堂小结

思乡是文学作品中一个永恒的主题。离乡的游子往往借用丰富的事物（即意象）来表达对故乡无尽的情思。

听读余光中《乡愁》的朗诵，再次体会离乡游子那浓浓的思乡之情。

在本篇教学设计中，我们对教学目标设定的合理性及其他问题暂且不作研讨，仅从课堂目标教学层面来看，存在两个方面的问题：一是教学目标与课堂教学过程的契合度不够，二是教学目标在课堂教学中的达成度不高。在教学目标设定上，我们不难看出，教师将重点放在作品的人文性教学方面，如通过"精读课文，品味精彩语言"和关注"细节描写"来"感受作品的风俗之美、人情之美"，"领会文章的情致，感受作品的意蕴"，"体会作者对故乡、亲人的思念，对两岸同根的血脉文化形成一定认识"。但从教学过程来看，课堂上的第一个教学环节是导入，第二个教学环节是从文章写的人和事方面整体感知文章内容，第三个教学环节是学习细节描写的方法，第四个和第五个教学环节是介绍作家背景，总结作品主题。总体来看,教学目标与课堂教学过程之间的契合度是个很大的问题。对于本篇教学设计中的教学目标,从文章的精彩语言及细节描写中感受作品的风俗、人情之美,但是教学过程设计恰恰缺乏将"精彩语言及细节描写"与"作品风俗、人情之美"有机关联的教学内容。同样的,"领会文章的情致,感受作品的意蕴",以及"体会作者对故乡、亲人的思念,对两岸同根的血脉文化形成一定认识"等这样的目标都要在课堂教学过程中有相应的内容来支撑,否则教学目标将无法达成。

(三)目标教学问题归因分析

新课程改革以来,对高效课堂建设的探索就从来没有停止过,高效课堂建设首要或最重要的任务就是高效地达成课堂教学目标。但从上述探讨的问题来看,目前,课堂教学目标设定及课堂教学目标达成方面存在的问题依然较为严重。这里有教师自身层面的原因,也有一定区域范围内教科研层面重视不够的原因。就教师自身而言,对课堂教学目标的设定没有引起足够的重视,很多教师认为目标只是一个形式,可有可无,对课堂教学不起多大实质性的作用。就外部原因而言,一定区域范围内的教科研没有开展专门有效的研究性活动,没有给教师提供目标教学研究方面专业的学习和指导,教师在教学中没有相应的知识储备,教学实践上缺乏相应的操作经验。因此,开展切实有效的目标教学研究,引导教师树立专业的目标教学意识,对于高效课堂建设是一件重要而迫切的工作。

以下是一篇校本教研活动中的教学目标样本问题分析案例,其中研究问题的方法值得借鉴。

《春酒》教学目标样本问题分析

马鞍山市第八中学　王国云

教学目标的确定是语文教学中至关重要的一个环节,也是考验教师基本功的一个重要指标。确定了科学的教学目标,才能选择宜于达成教学目标的教学内容。2012年,我参加中学教师基本功大赛,曾执教《春酒》,时隔三年,回顾自己的教学设计,觉得这份设计中的教学目标有可取之处,但也还是存在一些问题。

【教学目标样本】

(1)整体感知课文,了解文章的写作内容及作者的情感基调。

(2)精读课文,品味文中的细节和关键性词语,感受那些经历中蕴涵的情感和意蕴。

【样本问题分析】

《春酒》是一篇文质兼美的散文,语言质朴又不失细腻,感情内敛又荡气回肠,以母亲自酿的春酒和故乡喝春酒的习俗为中心,回忆了家乡的新年习俗和童年时期的快乐生活,表达了作家琦君的"孩子"情怀——母亲面前的孩子、家乡面前的孩子。如同龙应台的《目送》,每读一遍都会让人潸然泪下,《春酒》这样一篇散文,几乎每一段甚至每一句都能够打动人心,让人唏嘘不已。教什么?怎么教?首要的问题是确定好教学目标,但分析上述教学目标,我们可以看出:

(1)教学目标没有顾及文本的体裁和题材特征。《春酒》如同朋友话家常,回忆了家乡的人和事,娓娓道来,头绪虽多却有一条线贯穿其间——"家乡味"，这正是散文"形散神聚"的典范之处。教学目标"了解文章的写作内容及作者的感情基调"只泛泛关注了文本的题材，却没深入"乡愁"这一艺术主题。

（2）课时教学目标中对单元教学要求体现不明显。先看单元教学要求，八年级下册第一单元和第四单元同是散文，它们承载的教学目标是有所不同的。第一单元《藤野先生》《我的母亲》等以"人生"为主题，偏向于叙事，因此单元导读上给出的指导意见是"学习这些课文，要融入自己的生活体验，感悟课文的思想内涵，进而了解社会人生；要继续了解叙事性作品的文体特征，还要注意品味含义丰富的语句"。而《春酒》所在的第四单元侧重表现"民风民俗"，叙事性不明显，单元导读给出的指导意见是"学习这些课文，你不仅能够感受到自身日常生活中蕴含的无穷乐趣，还能够体会多种表达方式综合运用产生的艺术效果"。《春酒》有看似平淡却撩动人心的叙述，有生动传神的描写，有令人动容的抒情，有精当的议论。多种表达方式的综合运用，成就了这篇散文，让人读来感同身受。教学目标设计中未能充分关注到这一点，在培养学生"用语文"的能力上是有欠缺的。

（3）教学目标未能关注单元选篇的深意。本单元有《云南的歌会》《端午的鸭蛋》《吆喝》《春酒》《俗世奇人》五篇选文，同是写民俗，却有由场景、事物到人物的过渡，而《春酒》正是承担了这一任务。教学中应当关注到这一点，在教学目标的设定上也应当有所体现。

（4）教学目标的表述不够具体、明确。课堂教学目标应当用外显性行为动词进行可操作化的表述。目标（1）中的"了解"和目标（2）中的"品味""感受"都是内隐性的词语，在实际教学实践中可操作性不强，并且也无法检测目标的达成情况。虽然教师自己对预设的教学目标心中有数,但目标是否达成看的是学生,且课堂是动态的,这样的目标更像是教师一厢情愿的"单相思"。

特级教师程红兵老师说:课堂教学最大的价值在于把学生的思维过程化、可视化。由此看来,确定合适的教学目标是实现这一价值的第一步。

【教学目标修改】

基于以上分析,我将《春酒》的教学目标修改为:

(1)概括说出文章围绕"家乡味"写了哪些内容,整体感知课文。

(2)举例分析文中词语运用或人物描写的精妙,品味富有表现力的语言。

(3)找出文中抒情和议论的语句,说说其中蕴含的游子情怀,感受乡愁的艺术主题。

三、目标教学研究的意义

(一)构建科学规范的课堂教学目标

义务教育课程标准一般就课程目标分为总目标和阶段目标进行阐述,而总目标关注的是一个学科在人的培养方向上的总体目的和要求;阶段目标相对于总目标而言,虽然在知识与能力目标上更为具体、明确,但在课堂教学实践中,仍然难以完全独立作为课堂教学目标来使用。课堂教学目标的开发和设定必须结合课程目标、单元教学要求、学生的学情等因素来确定。开展目标教学研究就是要将教学目标的设定作为课堂教学的先导性工作,以科学规范的教学目标来建立科学规范的课堂教学秩序。

(二)探求学生学习减负的新途径

学生学习减负最有效的途径是课堂教学的增效。目前,诸多以高效课堂建设为核心的教育教学改革,都把优化课堂教学结构,提高课堂教学质量,把学生从繁重的作业负担中解放出来,当作改革的主要任务。目标教学研究的目的就是以课堂教学目标开发与达成研究为抓手,探求高效课堂建设的途径和方法,从而为学生轻负高质学习提供支持与保障。

(三)探寻丰富高效的课堂活动形式

目标教学研究是一种以教学目标设定为核心的探求高效课堂建设形态的研究项目,因此,研究内容不应局限于课堂教学目标的开发与设定,课堂教学活动的构建也是其研究的重要领域。

目前,绝大部分的课堂教学研究都把着眼点放在对教学内容或教学环节的处理上,对课堂教学活动的研究远远不够,从而导致教学活动存在以下问题:第一,教师课堂教学活动的意识淡薄,在教学设计和教学准备环节,没有将教学活动的构建放到应有的重视地位;第二,课堂教学活动的形式单一、内容单调,从而导致学生课堂学习情绪不高;第三,课堂教学活动与课堂教学目标的契合度不高,从而直接影响课堂教学效度。

对课堂教学成效影响最大的是两个关键性因素——课堂教学目标的科学性和课堂教学活动的效度,其中,课堂教学活动是课堂教学目标落实的载体。高效的艺术性的课堂教学活动更有利于课堂教学目标的达成。在课堂教学目标的开发与达成的实践研究过程中,增强教师的活动意识和活动研发意识,最终提高课堂教学的活动构建水平和活动开展水平,对于高效课堂建设意义重大。

(四)拓展教师专业发展新领域

语文学科新课程标准颁布及统编本教材编印以来,学科教学中对语文教师主体意识的强调有所提高,要求教师加强对教学全过程、全环节的研究,其中对课堂教学目标的研究和实践也不例外。课堂教学目标不但可以规范、引导课堂教学的实施过程,而且可以激发教师对教学内容进行思考与研究,因此,加强对目标教学的研究也是促进教师专业发展的有效途径。

当前,很多以教师专业发展为目的的教学研究活动都过多地把精力放在活动形式上,讲求活动形式的新颖多样,讲求活动专家报告的层次,讲求活动参与人数的众多,而忽视了活动本身的内涵建设。目标教学研究对于教师专业发展而言,恰恰是一种较为静态的研究,是一种追求教学深度的研究。教师通过强化对教学目标科学性的研究,强化对教学过程中目标实施效度的研究,最终实现科学教学、高效教学。这种研究无疑是最为有效的专业发展方式。

(五)提供有效教学研究新视域

目标教学研究为课堂教学的有效性研究提供了一个全新的视域。孙亚玲在《课堂教学有效性标准研究》一书中明确指出,教学目标是衡量课堂教学有效性的一个重要标准。教学目标在整个标准框架体系中起着统帅作用,居于核心地位,它包括五个衡量指标,即"有价值、高期望""清楚、具体、可操作""适合学生需要""全面、综合、深刻""明确考试内容、方式"。对这五个指标的正确、合理解读将会直接影响教学目标的有效实施,因此,教学目标开发与设定的合理性研究仍需不断加强。而且,课堂目标的开发亟待案例研究。尽管教学内容相同,但是教学目标的设定不尽相同,因为学情不同,因此,教学目标研究开发的案例无疑对教师的课堂教学有较高的指导价值。

课堂的魅力在于教学的生成性,"教师不可能提前完全确定教学目标应达到的潜在结果,而某些未曾预料到的活动有可能引出更有价值的结果"。①"布卢姆在《教育评价》一书中提出教学目标编制有两种模型:一为任务模型,其编制程序是先描述教学单元结束时在行为结果上要达到的总体要求,……一为探索模型,其编制程序是先制定出某些预期要实现的目标,另一些目标则待在相互作用的教学情境中出现后再加以考虑,经过教学循环使教学目标逐步完善。"②这些论述从另一个层面揭示了课堂教学目标其实还有教学生成性特征,而这种教学生成性更有利于激发学生的课堂学习兴趣,促进学生学力的形成。

对课堂有效教学的研究应该有全方位的视角,目标教学研究作为视角之一,应该加强教学层面的实践性研究,加强教学过程中的目标达成性研究,探寻教学生成的规律,最终为高效课堂建设提供策略性支撑。

① 李茂森,孙亚玲.论有效教学中教学目标的性质及其价值——读《课堂教学有效性标准研究》[J].内蒙古师范大学学报(教育科学版),2006,19(1):130.

② 顾明远.教育大辞典(增订合编本)(上)[M].上海:上海教育出版社,1998:718.

第二章　目标教学研究理论综述

一、目标教学研究的支撑理论

(一)布卢姆的教育目标分类学

本杰明·布卢姆是美国著名的教育家和心理学家,布卢姆的教育目标分类体系主要注重知识和认知两个维度。知识的维度主要描述知识的不同类型,把知识分为四类:事实性知识、概念性知识、程序性知识和元认知知识。认知过程(思维方式)的维度将认知过程分为六类:记忆、理解、应用、分析、评价和创造。

布卢姆的教育目标分类理论厘清了目标教学上许多观念性认识。比如,目标的具体性、目标的层次性以及目标、教学与测评的一致性要求等。这些认识和观念对教学实践有启发和指导意义。

布卢姆在分析了基于标准的课程总体目标和单元目标之后,认为教学目标的开发工作是授课教师的任务。为了从课程标准和单元目标中开发教学目标,教师必须缩小认知过程和内容知识的范围。例如,对于课程或单元目标:学生将能够理解分数、带分数和小数的含义。与之相应的教学目标可能包括:学生将学会把小数表示为分数以及把分数表示为小数;学生将能够表达等值分数;学生将学会把带分数表示为假分数和小数。另外,在确定课堂教学目标时,测试内容以及与测试相关的纲要也是重要的参考材料。布卢姆指出:"当没有具体的教学目标时,教师经常求助于测评工具⋯⋯在这种情况下,测评任务实际上变成了教育目标或教学目标。"①

(二)掌握学习理论

掌握学习理论是以美国心理学家布卢姆为代表的一种将学习理论与教学理论初步"接轨"的教育思想,其核心思想简要地说就是,在具备必需条件的情况下,只要提供最佳的教学(教学质量)并给以足够的时间,多数学习者能获得优良的学习成绩。

布卢姆认为,如果所有学生都具备学习新任务所必需的条件,又有适当的动机和符合他们水平的教学,那么,所有学生都可以圆满地完成学习任务;如果学生还没有具备学习新任务所必需的条件,那结果就有两种可能:学习成绩上出现差异或是完成学习任务所用的时间不同。

布卢姆的掌握学习理论本不直接与目标教学产生联系,但布卢姆在阐释掌握学习的相关策略时,在"先决条件"和"实施程序"两个步骤中,包涵了对教学目标的详细说明和课堂教学要为学生提供详细的反馈两个核心问题。而这种师生双方对预期目标的知晓,以及课堂教学中的差错揭示、诊断矫正式反馈对目标教学的策略研究无疑有很强的指导意义。

(三)罗森塔尔效应原理

在课堂教学中,合理地运用目标教学有利于激发学生学习的强烈动机。根据"罗森塔尔效应"原理,教师在教学中对学生的目标期望越高,就越能调动学生的学习积极性、主动性和创造性②。托尔曼

---

① 安德森.布卢姆教育目标分类学:分类学视野下的学与教及其测评[M].蒋小平,张琴美,罗晶晶,译.北京:外语教学与研究出版社,2009:16.

② 李茂森,孙亚玲.论有效教学中教学目标的性质及其价值——读《课堂教学有效性标准研究》[J].内蒙古师范大学学报(教育科学版),2006,19(1):132.

也认为,一个行动是否执行,依赖于期望得到什么样的结果,以及这种结果具有什么样的价值[1]。因此,教学目标作为课堂教学中的"高期望",对学生有着积极的暗示作用,适合"学生需要",使得教师在知识与能力层面能够进行层次化、序列化教学,在学习层面能够做到因材施教,满足不同水平的学生个体的需要。

(四)维果茨基的最近发展区理论

最近发展区理论是苏联教育家维果茨基提出来的,维果茨基经过研究提出,教育对儿童发展的主导和促进作用建立在确定儿童两种水平的前提下:一种是已经达到的发展水平;另一种是可能达到的发展水平。这两种水平之间的距离就是"最近发展区"。"所谓可能发展区,按维果茨基的说法,是介于儿童自己实力所能达到的水平(如学业成就),与经别人给予协助后所可能达到的水平,两种水平之间有一段差距,即为该儿童的可能发展区……"[2]

最近发展区理论对目标教学研究活动有很强的指导意义和应用价值。在目标教学研究中,课堂教学的前提就是教学目标的开发研究,根据最新的目标教学研究成果,影响课堂教学目标开发的要素除了课程目标、单元教学要求及考试评价工具之外,最重要的还有学情,而了解学情的目的其实就是准确把握学生学习上的"最近发展区",以便能科学合理地制定教学目标,实施高效教学。

另外,素质教育理论、教学过程最优化理论等也是目标教学研究的支撑理论。

---

[1]《辞海》编辑委员会.辞海(缩印本)[M].上海:上海辞书出版社,1989:1713.

[2] 张春兴.教育心理学——三化取向的理论与实践[M].杭州:浙江教育出版社,1998:116.

二、国外目标教学理论的发展

(一)拉尔夫·泰勒与目标教学理论

拉尔夫·泰勒是美国著名教育学家、课程理论专家、评价理论专家。他是现代课程理论的重要奠基者,是科学化课程开发理论的集大成者。由于对教育评价理论、课程理论的卓越贡献,泰勒被美誉为"当代教育评价之父""现代课程理论之父"。

"泰勒的工作为诸如布卢姆和他同事所开发的分类学提供了理论依据和蓝图"[①]。

1.泰勒原理

"泰勒原理"被公认为是对课程开发原理领域最完美、最简洁、最清楚的阐述,达到了科学化课程开发理论发展的新的历史阶段。

"泰勒原理"的基本内容是围绕对四个基本问题的讨论展开的:

第一,学校应该达到哪些教育目标?

第二,提供哪些教育经验才能实现这些目标?

第三,怎样才能有效组织这些教育经验?

第四,我们怎样才能确定这些目标正在得到实现?

围绕上述四个基本问题,泰勒提出了课程编制的四个步骤或阶段:确定教育目标;选择教育经验;组织教育经验;评价教育计划。这就是"泰勒原理"的基本内容。

泰勒的课程开发理论中的四个基本问题,可以给我们的课堂教学带来相应的启发和思考,比如,我们在课堂教学之初也应该探讨四个问题:第一,课堂应该达到哪些教学目标? 第二,应该提供哪些学习经验才能实现这些目标? 第三,怎样才能有效组织这些学习经

[①] 马扎诺,肯德尔.教育目标的新分类学[M].2版.高凌飚,吴有昌,苏峻,译.北京:教育科学出版社,2012:98.

验？第四，我们怎样才能确定这些学习目标正在得到实现？这种思考帮助我们更好地审视自身的课堂教学定位，以及在这种定位指引下的课堂教学实践过程。

2.泰勒的目标教学理论

泰勒对于"目标"与"教学"之间关系的论述时至今日，读来仍令我们深思。在他之前，目标只是被当作一般性的主题，许多的考评工具测量学生的能力也只是关注学生对基本信息的回忆或再认，有关某个主题的知识的基本信息是考核学生对该主题内的知识的应用能力的重要指标。当时的一种假设认为，要求学生回忆事实的测试题对测量诸如内容推理或以不同的方式应用知识内容等更加复杂的行为来说是有效的。泰勒的观点推翻了这种假设，"泰勒认为目标要与具体的知识有明确的联系，同时还要与相应的知识理解或知识技能有明确的联系"[①]。

泰勒在俄亥俄州立大学所作的研究报告显示，记忆测试的成绩与推理和原理应用的测试成绩之间的相关相当低。基于这些研究，泰勒认为，可以期待学生对任何给定的内容主题的行为表现会有多种不同的水平和截然不同的类型。这些行为范围包括从死记硬背到相当复杂的心理操作。他进一步指出，如果教师希望学生掌握死记硬背之外的行为，他们需要将这些行为的测量与信息的测量分开进行，因为不能依赖对信息的测试来对学生的应用、分析或解释的能力提供有效的指标[②]。

这段话阐明了泰勒对于目标及目标教学的观点，教育者必须阐明目标，其中这些目标具体说明的内容以及与这些内容相关的行为将成为教学的重点。

① 马扎诺,肯德尔.教育目标的新分类学[M].2版.高凌飚,吴有昌,苏峻,译.北京：教育科学出版社,2012:98.
② 马扎诺,肯德尔.教育目标的新分类学[M].2版.高凌飚,吴有昌,苏峻,译.北京：教育科学出版社,2012:98.

从以上泰勒所阐述的观点,结合当前课堂教学的现状,我们应该加深或重建对课堂教学的认识:

第一,课堂教学目标的设定不应止步于一般性知识层面,而应该穿透到知识的理解和知识技能的应用层面。

第二,在课堂教学实践过程中,比知识的记忆与再现更重要的是对知识的理解与应用能力。

第三,对知识记忆与再现的重复测试和过度教学并不能更高效地提高学生的理解、分析与应用能力。

第四,随着学习的深入,应增加对学生学习行为、学习理解与应用能力的测量和分析。

这些观点对于指导教师提高课堂教学的效度,增强学生的学习能力,无疑有很大的促进作用。比如,语文教师常常有一种困惑,在现代文阅读教学中,对于教材中阅读文本内容的考查,学生是能做到较好地"理解"与"应用",一旦考查的内容转移到课外,学生的理解与应用能力就不甚理想了。用泰勒的理论来分析这种现象,教师应该有这样一些认识与反思:首先,学生对课堂教学知识再现与回忆性学习的目标完成得是否较好,如果教师的课堂教学有这个层面目标的设定,那就可以认定对于这一层面目标的教学是否有效;其次,学生对阅读知识的理解与应用能力提高得够不够。这也有三种可能:第一种可能是教师没有设定相应的旨在提高学生理解与应用能力的课堂教学目标;第二种可能是教师在教学行为上对回忆与再现性教学内容重视较多,而忽略了对学生理解与应用能力提升的教学指导;第三种可能是教师在教学目标的设定与课堂教学过程中开展了提高学生理解与应用能力的教学,但对教学效果缺乏有效的监测与反馈,学生的学习效果不佳。因此,教师在研讨和设定课堂教学目标时应着眼于三点:一是课堂教学目标的设定与实施要关注知识的回忆、再现与新授层面的教学;二是课堂教学目标的设定与实施要注重对知识的理解、分析与应用的教学;三是课堂教学要注重对目标效果的监测与反馈。

(二)布卢姆、安德森与教育目标分类学

布卢姆经过常年的心理教学研究发现:教师对学生的积极期待,对学生的学习和发展具有积极的推动作用,这就是著名的布卢姆效应。布卢姆整个教学理论的核心内容是掌握学习理论。

布卢姆在20世纪70年代初针对美国普遍存在的教育"精英化"倾向提出了质疑,他认为美国现行教育制度存在只注意培养少数尖子学生而牺牲大多数学生的弊端,教育不能只满足于一小部分学生充分学会学校所教的东西;也不应有这样的心理定势:三分之一的学生能完全掌握教师所教的知识,另三分之一学生的成绩一般,再三分之一学生的成绩可以不及格。布卢姆这一观点和主张与我们今天学校教育的主流思想无疑是相吻合的。

布卢姆继承了泰勒的研究成果,率先建立了教育目标分类体系。1956年,布卢姆在主编出版的《教育目标分类学 第一分册 认知领域》一书中提出了一个教育目标的分类体系。2001年,布卢姆的学生洛林·安德森教授等人对此书进行了修订,书名修订为《学习、教学和评估的分类学》,下文中布卢姆教育目标分类体系的内容均来自安德森教授修订后的版本。

布卢姆的教育目标分类体系包括知识和认知过程两个维度(见表2-1)。一是知识维度,主要描述知识的不同类型,把知识分为四类:事实性知识、概念性知识、程序性知识和元认知知识。这四类知识从简单到复杂、从具体到抽象,知识之间是有层级关系的,后一类知识建立在前一类知识的基础之上。二是认知过程(思维方式)维度(见表2-2),认知过程有六类:记忆、理解、应用、分析、评价和创造。认知过程类别之间的关系也是从简单到复杂,后一类建立在前一类的基础之上。

表2-1　布卢姆的教育目标分类体系的维度及相互关系①

认知过程维度 知识维度	记忆	理解	应用	分析	评价	创造
事实性知识						
概念性知识						
程序性知识						
元认知知识						

表2-2　认知过程维度的六个类别和相关的认知过程②

过程类目	认知过程及例子
1. 记忆	从长时记忆系统中提取有关信息
1.1 再认 1.2 回忆	如,再认美国历史中重要事件的日期 如,回忆美国历史中重大事件的日期
2. 理解	从口头、书面和图像等教学信息中建构意义
2.1 解释 2.2 举例 2.3 分类 2.4 总结 2.5 推断 2.6 比较 2.7 说明	如,阐释重要演讲或文件的意义 如,列举各种绘画艺术风格的例子 如,将观察到的或描述过的精神疾病案例分类 如,写出录像带所放映的事件的简介 如,学习外语时从例子中推断语法规则 如,将历史事件与当代的情形进行比较 如,说明法国18世纪重要事件的原因
3. 应用	在给定的情景中执行或使用程序
3.1 执行 3.2 实施	如,两个多位整数的相除 如,在牛顿第二定律适用的问题情境中运用该定律
4. 分析	将材料分解为它的组成部分,确定部分间的相互关系,以及各部分与总体结构或总目的之间的关系
4.1 区别 4.2 组织 4.3 归属	如,区分一道数学应用题中的相关数字和无关数字 如,将历史证据组织起来,形成赞同或否定某一历史解释的证据 如,依据文章作者的政治观点来确定其立场
5. 评价	根据准则和标准做出判断

① 安德森.布卢姆教育目标分类学:分类学视野下的学与教及其测评[M].蒋小平,张琴美,罗晶晶,译.北京:外语教学与研究出版社,2009:21.
② 安德森,等.学习、教学和评估的分类学[M].皮连生,译.上海:华东师范大学出版社,2008:28.

过程类目	认知过程及例子
5.1 检查 5.2 评论	如,确定科学家的结论是否与观察数据相吻合 如,判断解决某个问题的两种方法哪一种更好
6. 创造	将要素组成内在一致的整体或功能性整体;将要素重新组织成新的模型或体系
6.1 创新 6.2 计划 6.3 建构	如,提出假设来说明观察到的现象 如,计划一篇特定历史主题的研究报告 如,有目的地建筑栖息地

　　布卢姆的教育目标分类体系中对知识维度的分类,有利于教师思考教学知识本身的层级以及知识层级之间的关系。无论是一门学科还是学科内的知识,对于教师教学和学生学习而言都是按照由低到高、由简单到复杂构建的。教师在教学内容的确定环节,研究所教学的知识层级,研究学生既有的知识层级,研究这两个层级之间的差距与差别,有利于教师的高效课堂建设及研究。另外,在同一类知识或者不同类知识中,也存在认知过程的不同维度。教师在课堂中针对一类知识开展教学,究竟要达到认知过程的什么维度,也需要针对学情、教学体系及教学内容开展相关研究。教师的教学和学生的学习只有在这种知识与认知过程的维度空间内,做到循序渐进、环环相扣,才有成效。

　　另外,当学生在课堂学习的检测与反馈中发现学习存在一定的问题时,除了相对应的知识或认知过程需要做反思性分析外,低层级的知识或认知过程也需要做进一步的诊断性检测与评判。比如,学生在对某一种修辞手法的作用和效果进行"评价",课堂检测或反馈的效果不理想,教师在分析原因时,除了分析学生对这种修辞手法的作用和效果的"评价"能力,还要分析学生对这种修辞手法的"理解"能力,如果学生对这个知识的理解能力达不到要求,评价能力自然会无法达到要求。

　　布卢姆目标分类体系中还有一张重要的表格,是知识的主类别及其亚类。这里没有援引,因为考虑到知识的分类如果过细,有可能让教师在目标设定中纠结于概念的界定和归类,而使认识产生偏移,或使行为止步于认识。但是,正确认识知识的分类是必要的。它能够使教师在确定教学目标和安排教学内容时,充分考虑到相关知识之间或某一知识内部的层级性,从而更合理、系统地开展教学。另外,从知识的分类表中,教师还应明晓一个事实,即知识的学习是一个从事实性、概念性知识向能力性、自主性知识累加和演化的过程,知识教学最终是为了学生学会学习、自主学习,这和新课程理念中"教是为了不教"的观点是一致的。

　　布卢姆的教育目标分类体系中对教学目标的阐释隐含一种结构,即目标由动词和名词短语组合而成,如"学生将学会应用'节约—重复使用—循环使用'的方法保护自然资源",该目标的动词是"应用",该目标的名词短语是"'节约—重复使用—循环使用'的方法保护自然资源"①。如果说名词短语描述的是学习内容,即学什么知识;那动词描述的则是学习程度,即认知行为的能力层级。

　　认知过程中有19个关键性动词,如果从目标教学的角度而言,这些动词至关重要。一方面,它梳理了认知过程的层级,有助于教师将教学目标和教学内容按照能力层级归类;另一方面,正因为这种认知过程层级的明确化,会引导和促进教师将教学目标设定具体化,让教学目标便于在课堂上进行实施与操作,让教学目标便于在课堂教学中进行检测。布卢姆目标分类学之后,很多的教学理论在目标研究过程中,都或多或少受其影响,目标设定的具体化和操作性都有大的提高。如下列一组讲授课教学目标示例:②

---

　　① 安德森.布卢姆教育目标分类学:分类学视野下的学与教及其测评[M].蒋小平,张琴美,罗晶晶,译.北京:外语教学与研究出版社,2009:24.
　　② 阿兰兹.学会教学[M].6版.丛立新,等译.上海:华东师范大学出版社,2007:231.

（1）学生能够描述《美利坚合众国宪法第十四条修正案》的意义。

（2）学生能够识别三部19世纪美国女性作者的小说。

（3）学生能够列出冰球的基本规则。

（4）学生能够说明光合作用的意义。

（5）学生能够描述三位美籍非洲人对美国历史的贡献。

（三）马杰与行为目标陈述法

以研究行为目标著名的马杰,强调应该以具体明确的方式说明学生完成学习任务后能做什么。用马杰自己的话说:"假如你对要去的目的地不清楚的话,那么你很可能会抵达另一个地点,而且不知道自己走错了目的地。"马杰在1962年出版的《准备教学目标》这本经典著作中,马杰系统地提出了用行为术语陈述教学目标的理论与技术。在他的那本简短而可读性极强的著作中,马杰认为,教学目标应该陈述"学生能做什么以证明他的成绩以及教师怎样知道学生能做什么"。马杰提出,一个完整的教学目标应包括三个基本要素:

（1）行为:说明学习者通过课堂学习以后将能做什么,以便教师能观察学习者的行为变化,了解目标是否达到。例如,学生能将文章中陈述事实与发表议论的句子进行分类。

要用可以观察的行为来表述教学目标。在目标表述时要避免使用描述内部心理过程的动词,如"掌握""理解""欣赏""记住""品味"等,而应该使用行为动词,如"背诵""解释""选择""写出""说出""找出"等。使用这样的行为动词可以使我们很容易观察到目标行为是否实现以及何时实现。

教学目标中的行为是否可观察,关键在于所选用的动词。学者朱敬先1987年在对布卢姆理论进行研究后界定了一些明确的行为动词,对我们如何陈述这些领域的教学目标具有一定的借鉴意义。

表2-3列出的是认知领域教学目标所选用的行为动词。

表2-3　认知领域教学目标的行为动词

认知领域教学目标	行为动词
知识	界定、描述、指出、标明、列举、选择、说明、配合、背诵等
理解	转换、辩护、区别、估计、解释、引申、归纳、举例说明、猜测、摘要、预估、重写等
应用	改变、计算、示范、表现、发现、操纵、修饰、操作、预估、准备、产生、关联、解答、运用等
分析	细列、图示、细述理由、分辨好坏、区别、指明、举例说明、猜测、关联、选择、分开、再分等
综合	联合、编纂、组成、创造、计划、归纳、修饰、设计、重组、重建、重改、重写、总结等
评价	鉴别、比较、结论、对比、检讨、分辨好坏、指明、阐释、关联、总结、证明等

(2)条件：说明学习者表现学习行为时所处的条件因素。例如，如果要表述一个"要求学习者能够辨别各种鸟类"的教学目标，那么必须指明的条件是"从黑白图片中，还是从彩色图片中"，"允许学生使用工具或不使用工具"。

(3)标准：指出合格行为的最低标准（或行为改变的程度）。例如，"学生能够在十分钟内解出二元一次方程"。

马杰的"行为""条件"和"标准"的三要素模式（见表2-4）至今仍为教育界所接受。用传统的方法表述的教学目标，如"培养学生分析文章的能力"比较笼统含糊，对其中的含义，不同的人可能有不同的理解。这种提法不能为教学及其评价提供具体指导。而使用马杰的三要素模式编写的学习目标就很明确具体，就能比较清楚地告诉人们，学生将获得的具体能力是什么，如何观察和测量学生是否获得这种能力。所以，马杰的行为目标陈述方式可以让课堂教学变得更加具体，便于操作。

表2-4　马杰的行为目标及其要素举例

目标	条件	行为	标准
1.给出一系列句子,学生能找出每个句子中的介词	给出一系列句子	找出	每一个
2.给出10道除法计算题,学生能正确解决8道题	给出10个问题	解决	10个问题中有8个解答正确
3.给出直尺和圆规,学生能画出一个角的等分线,误差在1°之内	给出直尺和圆规	画出	误差在1°之内

(四)ABCD目标编写模式

ABCD目标陈述法是由阿姆斯特朗和塞维吉1983年提出来的一种教学目标陈述技术。在目标教学研究实践中,他们认为有必要在马杰的三要素的基础上,加上对学习对象的描述,这样,一个规范的学习目标就包括四个要素,即学习对象、学习行为、学习条件和学习程度。为了便于记忆,他们把学习目标的基本要素简称为ABCD模式:

A——对象(Audience):阐明学习对象,即教学是针对哪一类学生进行的。教学目标描述的必须是学生的行为,规范的目标开头应是"学生能……"。

B——行为(Behavior):说明通过学习以后,学习者能做什么(行为的变化),并且需用可观测到的术语来说明学生的行为,以减少教学的不确定性。这里的行为和目标是相关联的,必须选择最合适的目标行为动词来描述由学生完成的动作或活动,行为动词通常用来描述学生可供观察与测量的具体行为。另外,行为本身往往也和学习内容相关联,共同构成学习过程。

C——条件(Condition):说明上述行为在什么条件下产生。学习条件是指为影响学习结果而规定的限制或范围。条件与精确的目标行为动词一起构成可供观察与测量的课堂教学目标。

D——程度(Degree)：规定达到上述行为的最低标准(即达到所要求行为的程度)的确立使教师对学生课堂学习状态和成效的评估有了依据。程度可从行为的速度(时间)、准确性和质量等方面来确定。

例如,提供10个图形,二年级学生能够识别哪些是长方形、哪些不是长方形,在10个图形中,至少有8个识别正确。

A.二年级学生

B.识别长方形

C.提供10个图形

D.至少8个识别正确

这里需要注意的是,无论是马杰的行为目标表述还是ABCD目标表述,所呈现的目标虽然避免了传统目标表述的随意性、含糊性,但行为目标本身也有缺点:只强调了学习对象的行为结果,而未注意其内在的心理过程,因而可能引导教师只注意学习者外在行为的变化而忽视其内在的心理变化。另外,在具体的教学实践中,还有许多心理过程无法行为化。所以,在实际运用中,行为目标的编写也未能真正起到引领课堂教学变革的作用。

(五)格朗兰德与总分式目标陈述法

总分式目标陈述是美国学者格朗兰德于20世纪70年代在《课堂教学目标的表述》一书中提出的目标陈述形式(见表2-5)。这种目标陈述形式将学习对象的内隐性心理过程与外显行为相结合,目标设定分为两步,先陈述表现学习对象内部心理过程的初始性、概括性目标,然后列出表明这种内部心理变化的可观察的行为样例,使教学目标具体化。第一步:目标的表述。为教学提供方向与指导,行为动词可以为"知道""理解""应用""评价"等。第二步:目标的编写和界定。将第一步的目标分解成可观察、易操作、能测评的具体行为动作。这正如美国学者阿兰兹指出的："初始目标并不是十分具体的,对于指导备课或评价学生变化的意义或许不大,然而,它表明了教师想达到的总体目标。分目标则阐明了教师该教什么,学生该学什么,它们比较具体,尽管不如行为目标三要素那样精确。"[①]见表2-6。

表2-5　格朗兰德的总分式目标陈述法举例

一般目标	特殊的学习结果
理解概念	1.写出概念的定义; 2.认出概念的例子; 3.举出概念的例子; 4.找出对等的概念
解决问题	1.确认与问题有关的信息; 2.对问题进行定性描述; 3.将定性描述转换成数学符号; 4.评价答案; 5.得出解决问题的办法

表2-6　阿兰兹运用格朗兰德总分式目标陈述举例

形式	例子
总体目标	理解、尊重构成美国社会的各种族之间的差异
分目标1 分目标2 分目标3	能够运用本族语和其他种族的语言来阐释多样性 能够举例说明个人与团体的多样性如何丰富了美国的文化生活 能够书面分析长期尊重多样性是一项多么难以实现的目标

　　格朗兰德的总分式目标陈述法在国内也有一些教学实验。1999年,在熊梅等人的启发式教学实验研究中,采用了内隐性心理过程与外显行为变化相结合的目标陈述法进行教学目标的设计。下面结合小学语文和小学数学教学中的一些具体内容分别举例说明:

[①] 阿兰兹.学会教学[M].6版.丛立新,等译.上海:华东师范大学出版社,2007:86.

例1：小学语文《坐井观天》一课的教学目标设计

1. 课文理解

(1)能用自己的话正确解释"大话""无边无际""坐井观天"等词语的意思。

(2)能正确回答以下问题："青蛙和小鸟为什么争起来了?""为什么青蛙和小鸟会有不同的看法?"

2. 课文朗读

(1)能正确、流利地朗读全文。

(2)能分角色有感情地诵读青蛙与小鸟的三次对话。

3. 主动性

(1)能主动举手回答老师提出的问题。

(2)在自由阅读课文时,能主动地、认真地出声朗读。

(3)能主动争取并积极参加分角色朗读和表演活动。

4. 创造性

(1)能从多角度回答从《坐井观天》这个故事中学到了什么?

(2)能用个性化的语言回答青蛙跳出井口会看到什么,想到什么,会对小鸟说些什么,小鸟又会怎样想和说?

例2：小学数学《圆的周长》一课的教学目标设计

1. 直观认识圆的周长

(1)能够正确用手指指出老师画在黑板上的一个圆的周长。

(2)能用自己的话说出什么是圆的周长。

2. 计算圆的周长

(1)能够用教师提供的圆纸片、圆纸板、绳和直尺近似地测量圆的周长。

（2）能够正确说出用绳测法和滚动法如何测量圆的周长。

（3）能够找出圆的周长与直径之间近似的数量关系。

（4）能够运用公式正确、熟练地计算出圆的周长。

3.创造性

（1）能够利用教师提供的学习材料探究出测量圆的周长的各种方法。

（2）能够从多角度回答自己的所知、所获、所想、所求。

（3）通过对测量得出的不同大小的圆的周长与直径的比值的计算,学生能够创造性地发现圆的周长与直径之间的关系。

第三章　目标教学研究现状分析

一、国内目标教学研究回顾

我国的目标教学研究从目前的资料来看,始于1986年9月美国学者布卢姆应邀来华讲学以后,布卢姆的掌握学习理论、教育目标分类学理论在我国广为传播,激发了国内教育学界对目标教学的关注和研究。20世纪90年代初,国家教育委员会高等教育司、国家教育考试中心及中央教育科学研究所召开"全国目标教学理论研究会",总结我国当时目标教学改革研究的实践和成果,并研讨后续存在的问题和不足。

布卢姆的目标教学理论之所以当时在我国迅速传播并在短时期内引发我国对目标教学的研究,主要原因在于:首先,目标教学理论作为一种先进的教学研究成果体现出教育特别是教学的目的性要求。教育教学作为学术性很强的实践活动,目的性很强。但这种目的性本身也是一个系统,需要专业的研究和阐述。从课程体系来看,要有课堂教学目标体系、分阶段目标体系及课堂教学目标体系;从考试评价体系来看,要有考试检测指标体系,这些内容都离不开目标教学理论的指导。其次,目标教学理论是一种能很好地指导和引领课堂教学改革实践的发展方式。目标教学研究注重课堂教学目标的设定、目标教学方案的编写与实施及课堂教学评价与管理的研究,这不仅在学科教学内容和形式上规范了课堂教学实践,还较有成效地促进了一线教师所教学科的专业发展。

纵观国内目标教学改革的成果,最富有变革意义的是目标教学研究丰富了教育教学观,促进了课堂教学思想由传统向现代转变。掌握学习理论的引进充实了我国教育教学当中既有的学生观、质量观思想;布卢姆目标分类学理论更新了国内传统意义上对于三维目标的认识,其中有关三维目标的论述对于课堂教学内容及评价指标的建构意义重大,从而引导我国的课堂教学及评价制度向现代更科学规范的领域发展。最明显的表现是,当时目标教学改革研究有力地促进了国家教材和教学大纲建设的目标化。例如,所有学科的教学大纲(试用本)都直接或间接采用了"记忆、理解、应用、分析、评价和创造"的目标分类层次,并对每个层次做了界定,使对各知识点的学习具有了一定的操作性,同时,这些教学环节的目标分类层次也延伸到考试评价环节。这说明,我国的学科教学大纲和教材建设已借鉴了目标教学的研究成果。

当然,国内目标教学研究仍然需要发展,因此就有必要总结和反思在前期实践过程中存在的不足和问题,目标教学研究的不足和问题从不同的角度看可能会有不同方面,单从促进发展的角度而言,主要有三点:一是目标教学发展本身概念的界定还不准确,目标教学体系还不完善,对目标教学基本教学规律的研究还很薄弱,尤其是对课堂教学目标体系的编制的研究还不够,目标教学研究还基本上处于粗放状态。二是目标教学还需要有一个基本的教学思路和策略。一般的课堂教学研究要习惯于建立教学范式,这种范式静态地看是一种课堂教学结构和一种教学设计规范,动态地看是一种课堂教学程序。但是从教学实践层面来看,更科学合理的应该是建构一种课堂教学思路和指导性策略,这种思路和策略更多的是建立在课堂教学实践探索、尝试与反思基础上的目标教学指导原则。三是课堂目标教学管理的研究亟待增强。目标教学主张为达标而教、为达标而学、为达标而评、为达标而管。所谓目标教学管理即对影响既定教学目标达成的教学过程诸因素的调节与控制。目标教学管理讲求科学性和实效性。科学性是指目标教学管理要符合现代教育理念,要符合国家教育方针政策,要以科学的课堂目标教学体系为基础。实效性是指目标教学管理要确保课堂教学目标的实施与达成,实效性是目标教学实施的关键。课堂目标教学管理最突出的问题是目标教学实施的实效性如何得到有效保证。

二、基于实践的目标教学现状调查

(一)关于问卷调查的背景

1.来自教学督导的困惑

近几年来,很多地方为加强对基础教育课堂教学的调研与指导,相继开展了多种形式的课堂教学督导活动。活动通过走进课堂听课的形式,把脉教学,诊断课堂,在一个相对持续的时间内,总结和梳理课堂教学问题。其中较为突出的,还是课堂教学目标方面存在的问题。比如,教学目标设定存在一定的问题目标设定模糊空泛,目标设定没有充分地考虑学情,目标设定没有考虑到课堂教学的达成,目标设定没有考虑学生学习的情感、态度与价值观等。还有教学目标实施环节的问题,教师在具体的教学环节中无视目标的存在,教学目标与具体的教学活动之间关联度不大,一节课教学结束后目标是否达成无法有效监测等。诸如此类的问题,年年督导,年年存在,各个学校也都在持续深入地关注课堂教学的研究,但目标教学问题改进的成效不大。因此,从问题存在的本源出发,开展一些针对目标教学相关问题的问卷调查,尤为必要。

2.课堂教学研讨的困境

在有针对性的目标课堂教学研讨中,也存在一些困惑和难点。一方面是客观存在的课堂教学问题,一方面是苦无对策。后一方面主要表现在,不同的教师对目标教学的理解和应用程度不同,如何有效把握教师理解上的差异开展点对点的研讨是个难题;目标教学研究从理论学习层面到实践落实层面是一个很艰难的跨越,不少教师有目标教学意识,但在实践层面缺乏有效手段,而这些实践层面问题的解决又不是一个简单过程,是一个需要不断地思考并尝试的过程。开展这些研讨活动的前提是了解教师目标教学研究的现状与想法。

3.目标教学研究深入发展的问题

目标教学研究的持续推进需要相应的事实依据,学校教师对课堂教学目标的认知程度,对教学目标设定及实施效度的把握程度对目标教学研究的深入开展意义重大。同时,在教师目标教学现状问卷调查中,能够梳理和总结出一些问题的解决思路,从而为目标教学研究的良性发展提供参考。

(二)问卷内容及结果

教师目标教学现状调查问卷分为甲、乙两部分,甲部分是了解教师的一些基本情况,乙部分是就目标教学研究内容进行了解。问卷选择了区域内三所小学、三所中学的教师为样本,开展调查并统计分析;数据是百分比,第一项数据为总体数据统计,第二项为小学教师数据统计,第三项为中学教师数据统计。

（甲）

1. 您是下面哪个阶段的教师？

A. 小学 28.68%

B. 初中 71.32%

2. 您从教的时间大约是？

A. 5 年以内 9.85%/12%/8.99%

B. 5 ~ 10 年 10.98%/5.33%/13.23%

C. 10 ~ 15 年 19.32%/12%/22.22%

D. 15 年以上 59.85%/70.67%/55.56%

3. 您参加过学习培训吗？

A. 一年一次 46.92%/46.48%/47.09%

B. 一年两次以上 40%/40.84%/39.68%

C. 很少 13.08%/12.68%/13.23%

4. 您参加过市级及以上级别的课题研究吗？

A. 是骨干成员 19.08%/15.79%/20.43%

B. 是成员 37.40%/35.53%/38.17%

C. 跟别人后面学习 43.52%/48.68%/41.40%

5. 您的课堂教学获过奖吗？

A. 校内评比获奖 44.40%/50.00%/41.93%

B. 市级评比获奖 44.03%/43.99%/44.09%

C. 省级及以上获奖 11.57%/6.01%/13.98%

（乙）

1. 您平时关注课程标准中的阶段教学目标吗？

A. 不太注意 10.31%/8.97%/13.68%

B. 经常看看 69.40%/84.62%/63.16%

C. 有研究 20.29%/6.41%/23.16%

2. 您认为提高课堂教学有效性最迫切要做的一项研究是

什么？

A. 加强课堂教学管理，提高学生听课效率43.49%/51.19%/40.69%

B. 加强目标教学研究，提高教学的目标达成度40.32%/33.33%/42.86%

C. 加大课堂训练强度，提高学生熟练程度12.70%/11.90%/12.99%

D. 加大课后作业量，巩固学习的知识3.49%/3.58%/3.46%

3. 您认为下列哪项内容最需要列入课堂教学目标？

A. 概念性知识记忆和理解程度8.95%/9.41%/8.77%

B. 知识运用能力45.05%/47.06%/44.30%

C. 怎样才能引导学生喜欢这节课的学习23.64%/20%/25%

D. 学生对自己学习情况的监控与管理22.36%/23.53%/21.93%

4. 您认为以下哪一组动词组成的目标更加符合目标教学的易操作原则？

A. 理解、说出36.27%/36.84%/36.06%

B. 列举、复述16.90%/15.79%/17.31%

C. 品味、解释23.24%/27.63%/21.63%

D. 解答、感受23.59%/19.74%/25.00%

5. 您认为课堂教学目标的设定与下列哪些因素有关？

A. 课程标准27.51%/25.86%/28.60%

B. 单元或章节内容18.95%/16.79%/20.37%

C. 文本材料内容16.97%/15.88%/17.39%

D. 学情27.51%/33.32%/24.34%

E. 教师水平9.06%/8.15%/9.84%

6. 您在教学中常会通过哪些途径来开展教学目标研究？

A. 自主研究 23.56%/21.58%/24.43%

B. 校本研修 23.71%/24.21%/23.49%

C. 专著学习 7.89%/10.53%/6.74%

D. 专家讲座 17.26%/18.42%/16.74%

E. 同行教学实践 27.58%/25.26%/28.60%

7. 您认为自己在课堂教学目标设定方面存在哪些问题？

A. 目标设定研究不足 27.90%/32.14%/26.37%

B. 目标大而空泛 14.42%/6.25%/17.36%

C. 目标与课堂教学过程联系不紧密 20.80%/24.11%/19.61%

D. 目标效果无法检测 20.33%/23.21%/19.29%

E. 目标不易操作 16.55%/14.29%/17.37%

8. 在教学过程中，您的学生是通过哪些方式感受到学习目标的？

A. 课件呈现 26.95%/27.45%/26.81%

B. 老师告知 19.82%/20.59%/19.58%

C. 课堂学习阶段性小结或总结 30.88%/32.35%/30.42%

D. 学生在课堂学习中自己体验 22.35%/19.61%/23.19%

9. 您认为以下课堂教学目标哪些符合目标教学的可达成原则？

A. 学生将领会如《麦克白》这样的文学作品与自己人生的关系；学生能记住该剧中的重要细节 23.15%/27.87%/21.29%

B. 记住有关国会法案的具体知识(如糖税、印花税和《汤宪德法案》)；解释国会法案对不同殖民地群体的影响 18.98%/15.57%/20.32%

C. 了解无理数和实数的概念，掌握实数的分类；能用有理数估计一个无理数的大致范围，掌握"逐次逼近法"这种对数进

行分析、猜测、探索的方法,形成估算意识,培养学生的数感30.09%/27.87%/30.97%

D.知道几种常见的碱(氢氧化钠、氢氧化钙等)的主要性质和用途;认识碱的腐蚀性及使用时的注意事项;归纳出碱的主要化学性质27.78%/28.69%/27.42%

10.您认为课堂目标教学过程中有哪些难点?

A.教学目标的设定14.95%/15.97%/14.56%

B.教学目标的呈现11.92%/10.08%/12.62%

C.课堂教学过程与目标设定的一致性问题40.42%/37.82%/41.43%

D.教学目标与教学检测的一致性问题32.71%/36.13%/31.39%

(三)问卷分析及启示

1.关于问卷甲调查情况的分析

问卷甲部分主要是关于教师的基本情况的调查问卷,大致内容涉及教师的教学学段(小学或初中)、从教时间、参加学习培训的次数、参与课题研究情况以及课堂教学发展情况。调研的目的是了解教师教研的相关情况,与后面问卷乙中的内容相互印证。

(1)问题1主要是针对一个区域内教师目标教学相关情况的专题调研,以一个区域为调查范围。主要基于以下考虑,首先,一个区域内教育的外部环境相对一致,教学生态系统相对统一,有利于了解目标教学研究发展的真实状态;其次,在一个区域内对小学和初中两个学段展开研究,有利于在调研中做出比较,从而有利于促进小学和中学教育的衔接。从目前的问卷调查统计的数据来看,初中取样面较宽,取样比例占71.32%,小学取样面较小,取样比例占28.68%。

（2）问题2主要是了解教师的从教时间。从统计结果分析，总体上5年以内刚入职教师的比例为9.85%，比例严重偏小。小学新入职教师的比例为12%，高于初中新入职教师的比例8.99%。从总体数据分析，从教5～10年教师的比例为10.98%，从教10～15年教师的比例为19.32%，从教15年以上教师的比例为59.85%，教师结构严重失衡，教师年龄偏大。这个数据当中还包括部分学校自聘教师，考虑到这个因素，年轻教师的比例应该会进一步减少，还有小学从教15年以上教师的比例为70.67%，教师老龄化问题较初中更为突出。从促进教学及教学研究良性发展的角度看，目前小学及初中教师的年龄结构问题恐怕是制约教育发展的一个大问题。

（3）问题3是了解教师参加培训的具体情况。从总体数据分析，教师参加培训的机会较多，每年参加两次以上培训的教师的比例也较大，每年都会参加培训的教师的比例为86.92%，说明教学及教研培训现在已经成为常态。但一个不容忽视的问题是，在目前业务培训已成常态的背景下，还是有13.08%的教师很少参加培训。培训是知识增长、技能提高、思维更新的有效途径，忽视培训，教育发展会失去动力。本次调研，因没有界定培训的级别及形式，因此，问卷中反映出的这部分教师很少参加培训的原因极有可能是自身学习的主动性不足，对培训认识不到位。如何调动这部分教师学习及教学研究的积极性是一个需要面对的问题。

（4）通过问题4可知，参加过市级及以上课题研究且是骨干成员的教师的比例为19.08%，初中教师所占比例高于小学；是课题研究成员的教师的比例为37.40%。近些年，各地课题研究申报政策相对宽松，鼓励教师开展教育教学课题研究，在这样的鼓励政策下，仍有43.52%的教师没能真正参加到课题研究中来，不能不说是个遗憾。

（5）通过问题5可知，教师课堂教学研究状况相对较好，总体呈良性发展态势。市级及以上课堂教学评比获奖比例为55.60%，校内评比获奖为44.40%,初中教师市级及以上获奖比例略高于小学教师。这一状况说明了学校及教师对课堂教学研究的重视,相关校本教研活动扎实有效,本区域内教师教学研究水平较高。课堂是提高教学质量的主阵地,只有学校和教师充分重视课堂教学研究,教学质量才能得到根本保证。

2.关于问卷乙调查情况的分析

问卷乙主要是就教师目标教学研究的现状、层次及相关细节进行了解。

(1)问题1了解教师对课程标准中的阶段教学目标的关注情况。从统计数据分析,经常看看及有研究的教师占89.69%,其中小学教师的关注程度略高于中学教师,高出4.71%。同时,有10.31%的教师在教学中不太注意课程标准中的阶段教学目标。

(2)问题2了解教师对提高课堂教学有效性的途径的认识程度。教师普遍不赞成以加大作业量的方式提高教学效度,这是一个较为可喜的认识。另外,有部分教师认为需要加大课堂训练强度,提高学生的熟练程度,从训练的角度来看是有道理的,但课堂训练强度过大又会造成学业负担问题。赞成"加强目标教学研究,提高教学的目标达成度"的教师比例为40.32%,说明教师对开展目标教学研究有较高的认可度。当然,还有43.49%的教师提出需要"加强课堂教学管理,提高学生听课效率",这可能是基于自身课堂教学现状提出的。

(3)问题3是了解教师对目标教学内容的认识。A、B两项主要强调对知识的记忆、理解及运用,教师普遍认可这部分知识在目标教学中的重要性。其中,教师对知识运用能力更为关注,但是对小学和初中的学生而言,知识的记忆和理解更是基础。"学生对自己学习情况的监控与管理"属于元认知的范畴,虽然在课堂教学目标中一般不涉及,但在学习方法上,教师可以给予学生引导。

(4)问题4选项中的备选动词来自布卢姆的《目标教育分类学》,是深入了解教师当前对目标教学研究的理解程度。从统计数据分析,教师对目标教学研究的理解状况不容乐观。"列举、复述"这组动词在课堂教学中操作性强,学生容易通过活动来完成学习内容,教师也便于通过学生的表述来观察其对知识的记忆及理解的程度,遗憾的是,只有16.90%的教师认可这一目标表述方式。而"理解、品味、感受"是内隐性行为动词,学生的学习程度不易于被观察,课堂教学成效无法即时反馈。因此,教师虽有目标教学研究的愿望,但离真正地理解还有较大差距。

(5)问题5了解教师对影响课堂教学目标设定的因素的把握情况。结合数据可知,教师整体上认识非常到位。90.94%的教师认识到教学目标的设定要结合课程标准、单元或章节内容、文本材料内容及学情。只有9.06%的教师认为,教学目标的设定与教师水平有关,持此观点的教师可能认为教学目标的设定水平与教师的教学水平有关,这也是有道理的。大多数教师对教学目标设定的正确理解得益于近几年持续的新课程培训,新课程理念已深入人心。

(6)问题6主要了解教师目标教学研究的途径,主要分为自主研究、校本研修、专著学习、专家讲座及同行教学实践等五个方面。从统计数据分析,自主研究、校本研修及同行教学实践是主要学习途径。值得注意的是,自觉地开展专著学习的教师只占7.89%。目标教学研究如果缺乏系统的理论学习,研究很难深入下去。

(7)问题7意在了解教师在目标教学研究中的自我反思状况。从总体数据情况分析,认为"目标设定研究不足"的教师占27.90%,认为"目标大而空泛"的教师占14.12%,但在平时课堂教学督导及听课环节中,目标大而空泛的问题还是不少,这反映出教师对教学目标空泛的问题未能引起足够的重视,特别是小学教师认为目标空泛的仅占6.25%。认为"目标与课堂教学过程联系不紧密"的占

20.80%,这一数据也较小,因为目前普遍存在的课堂教学问题还是教学目标纸面化的问题,即目标只存在于教学设计中,课堂教学中相当多的教师还存在无视目标随意教学的情况。20.33%的教师认为"目标效果无法检测",这反映出教师可能还存在两个方面的问题:一是课堂教学没有目标检测的意识,二是缺乏目标检测的手段。认为"目标不易操作"的教师仅占16.55%,这一情况与前面"目标大而空泛"的问题相互印证,都从一个侧面反映出教师在目标设定中对目标内容具体化、易操作及可达成性的研究不足。

(8)问题8是从学生的视角了解教学目标在课堂中的呈现方式。从总体数据可知,"课件呈现"和"老师告知"所占比例最大,为46.87%,"课堂学习阶段性小结或总结时"为30.87%,这三种呈现方式尽管不同,但都反映出教师在教学中有目标意识。但还有部分教师让"学生在课堂学习中自己体验"的比例为22.35%,这样学生课堂学习时可能会出现无目标状态。

(9)问题9引用美国理查德·阿兰兹《学会教学》中的目标设定内容,与前面第4题引用布卢姆的观点一样,意在了解教师对目标设定的研究状况和层次。从统计结果分析,阿兰兹认为最适合作为课堂教学目标的第二项,教师选择却最少,其中选择此项的中学教师略多于小学教师。

(10)问题10意在了解教师在课堂目标教学中的难点问题。较多的教师认为,"课堂教学过程与目标设定的一致性问题""教学目标与教学检测的一致性问题"较为突出,教学目标设定与呈现问题相对较少。

3.总体分析

(1)本套问卷仅仅是对教师目标教学研究开展情况的一般性了解,问卷内容方面尚存在诸多不系统、不严密的问题,因此问卷数据也仅仅是反映的一般性问题,并不能完全代表教师课堂教学的整体状况。另外，涉及的几个问题如教学目标设定中的动词运用、教学目标可达成问题都是选用布卢姆、阿兰兹论著中的内容，可能在具体的课堂教学研究中教师未必会深入这个层次，所以问卷的有效性也在一定程度上受到影响。

（2）通过问卷反映出的总体问题。

第一，教师在开展目标教学方面，学习目标教学的意识较强，但学习深度不足。教师对学科课程标准等教学资料学习意识较强，但对教学本源性理论学习不足。教学方法或方式只是课堂教学的手段，但手段背后的规律性与科学性需要思考，这种思考就需要教师深入到对教学本源性理念即教学原理的学习，这方面的学习不足会影响课堂教学的科学性。如，在知识的记忆、理解及运用中，很多教师（45.05%）认可知识运用能力的重要性，较少的教师（8.95%）认可知识的记忆和理解的重要性，这必然会导致学生能力培养的断层。教师对于学习能力的认识只能通过系统的原理性的学习来强化和提高。另外，在乙卷第6题中，通过专著学习开展目标教学研究的教师只有7.89%，也反映出学习深度不足的问题。

第二，对目标教学解决课堂教学问题的认识仍然不足。教师基本能够认识到自身在目标教学实践方面存在的问题，如目标设定研究不足、目标大而空、目标与课堂教学过程联系不紧密等，但又过多地将教学问题归因到课堂教学过程与目标设定的一致性、教学目标与教学检测的一致性方面。在目标教学研究中，目标的设定是前提性研究，目标设定包括教学设计要符合具体化、易操作和可达成原则，符合这一原则的教学目标相对明确，因此课堂教学的达成也相对容易。所以，课堂教学过程与目标设定的一致性问题、教学目标与教学检测的一致性问题仍然是教学目标设定中需要深入研究的问题。

第三，教学目标设定方面存在的问题仍然突出。很多教师在教学目标中选用诸如"理解""品味""感受""了解""领会""认识"等内隐性行为动词作为目标学习的关键词,这类关键词一个最大特征是学生学习的行为是发生在内心的,在课堂教学中教师无法即时感知学生的学习程度,而且教师的教学也无法界定学生理解到什么程度,感受了多少,因此课堂教学的效度也无法保证。目标教学研究要求教师尽可能地选用如"说出""列举""复述""解释"等外显性行为动词。当然,也有一些研究者(美国的格兰朗德)认为,可以用内隐性的行为动词表示趋向课程标准的方向性目标,然后再辅以外显性行为动词来指向学习位置。如《藤野先生》一文的教学目标:"概括说出文章所写的主要事件,理清文章的思路。""概括说出文章所写的主要事件"是对学生学习任务的要求,"理清文章的思路"是课程目标要求。前者是学生通过学习要达成的位置,后者是学习的方向。这样的教学目标也包含了学习活动,具备教学检测性,是融合活动性与达成性于一体的具体明确的教学目标,这样的目标设定也很好地解决了课堂教学中目标与过程、目标与检测的一致性问题。

综合以上分析,目标教学研究需要强化的领域包括:需要引导教师强化对目标教学研究本源性理论的系统学习,以使课堂目标教学实践更加具有科学性;需要强化教师对目标教学研究的力度,以引导教师对自身课堂教学实践进行观察与反思,提高自身对目标教学的反思能力;需要加强课堂目标教学优秀课例开发,开展目标教学优秀课例学习与研讨,以案例增强与提高教师目标教学研究的意识与水平。

三、国内目标教学理论研究进展

(一)现阶段初中语文课程目标解析

现阶段对教学目标设定起指导性作用的文件包括《基础教育课

程改革纲要(试行)》及《义务教育课程标准(2011年版)》。前者主要着眼于人的塑造与培养的大目标,对教学目标的阐述主要包括:向学生传授基础知识;形成基本技能;发展学生的基本能力;促进学生个性健康发展。《义务教育课程标准(2011年版)》实验稿中的语文学科课程目标分为总目标和分阶段目标两部分。总目标:"课程目标从知识与能力、过程与方法、情感态度与价值观三个方面设计。三者相互渗透,融为一体。目标设计着眼于语文素养的整体提高。"《义务教育各学科课程标准(2011年版)》在实验稿的基础上,将语文课程总目标修改如下:

(1)在语文学习过程中,培养爱国主义、集体主义、社会主义思想道德和健康的审美情趣,发展个性,培养创新精神和合作精神,逐步形成积极的人生态度和正确的世界观、价值观。

(2)认识中华文化的丰厚博大,汲取民族文化智慧。关心当代文化生活,尊重多样文化,吸收人类优秀文化的营养,提高文化品位。

(3)培育热爱祖国语言文字的情感,增强学习语文的自信心,养成良好的语文学习习惯,初步掌握学习语文的基本方法。

(4)在发展语言能力的同时,发展思维能力,学习科学的思想方法,逐步养成实事求是、崇尚真知的科学态度。

(5)能主动进行探究性学习,激发想象力和创造潜能,在实践中学习和运用语文。

(6)学会汉语拼音。能说普通话。认识3500个左右的常用汉字。能正确工整地书写汉字,并有一定的速度。

(7)具有独立阅读的能力,学会运用多种阅读方法。有较为丰富的积累和良好的语感,注重情感体验,发展感受和理解的能力。能阅读日常的书报杂志,能初步鉴赏文学作品,丰富自己的精神世界。能借助工具书阅读浅易文言文。背诵优秀诗文240篇(段)。九年课外阅读总量应在400万字以上。

（8）能具体明确、文从字顺地表达自己的见闻、体验和想法。能根据需要，运用常见的表达方式写作，发展书面语言运用能力。

（9）具有日常口语交际的基本能力，学会倾听、表达与交流，初步学会运用口头语言文明地进行人际沟通和社会交往。

（10）学会使用常用的语文工具书。初步具备搜集和处理信息的能力，积极尝试运用新技术和多种媒体学习语文。

课程标准总目标是就课程教学做一宏观的引领和指向，关注更多的是语文学科在人的培养大方向中的地位和作用，因此，在论述中更多提及的是"逐步形成积极的人生态度和正确的世界观、价值观""提高文化品位""审美情趣"，还有如"初步学会运用口头语言文明地进行人际沟通和社会交往"等，还有一些能力要求，如"掌握学习语文的基本方法""发展思维能力""运用常见的表达方式写作"等。笔者将具体内容概括如下：

表3-1 《义务教育课程标准(2011年版)》语文能力与素养一览

语文能力	语文素养
1. 养成学习语文的自信心和良好习惯，掌握最基本的语文学习方法。 2. 发展思维能力。 3. 能主动进行探究性学习。 4. 学会汉语拼音；能正确工整地书写汉字，并有一定的速度。 5. 具有独立阅读的能力；能借助工具书阅读浅易文言文。 6. 运用常见的表达方式写作。 7. 具有日常口语交际的基本能力。 8. 学会使用常用的语文工具书。初步具备搜集和处理信息的能力	1. 形成积极的人生态度和正确的价值观。 2. 关心当代文化生活，尊重多样文化，吸取人类优秀文化的营养。 3. 培养热爱祖国语言文字的情感。 4. 逐步养成实事求是，崇尚真知的科学态度，初步掌握科学的思想方法。 5. 能初步理解、鉴赏文学作品，受到高尚情操与趣味的熏陶，发展个性，丰富自己的精神世界。 6. 在各种交际活动中，学会倾听、表达与交流，初步学会文明地进行人际沟通和社会交往，发展合作精神

正确了解和把握语文课程总目标，给我们语文课堂教学带来很多启示：

（1）语文是一门发展学生语言能力和培养学生人文素养的学科。

（2）语文教学过程重在养成学习语文的良好习惯，促使学生形成积极的人生态度和正确的价值观。

（3）语文教学要教会学生掌握最基本的语文学习方法，并持续促进学生自主探究性学习，不断发展学生的思维能力。

（4）语文教学要在语言文字的基础上培育学生的文化素养，发展个性与尊重多样性相结合，追求真知与交流合作相协调。

初中语文阶段目标分别从识字与写字、阅读、写作、口语交际与综合性学习等五个方面对教学进行了规范与要求，其中有定量目标，但更多的是定性目标。阶段目标是对课程总目标的进一步分解和细化，是每个教学阶段教师进行教学设计和课堂教学的指引和定位。

比如，初中语文阅读部分阶段目标有15项内容，其中第一项是"能用普通话正确、流利、有感情地朗读"。特级教师窦桂梅在教授《秋天的怀念》时，就以"正确、流利、有感情"作为课堂朗读教学目标，引导孩子们在朗读中感悟文章深处深沉凝重的情感，教学目标重在情感体味，但更重要的是孩子们在朗读过程中的体悟、体验。

（二）教学目标设计的指导性观点

目前，国内关于教学目标设计的论述还缺乏系统性，相关内容分散在有关语文学科的各种教学论著中。传统的教学目标研究包括对教学目标内容及设计要求的阐述，论述偏向于原理。近些年来，对教学目标的研究和论述逐渐趋向深入，具体表现在：对教学目标的关注更加系统。以前研究教学目标，只是把它看成是教学设计中的一个环节，现在更多的是关注教学目标对教学过程的引领作用，这样教学目标的意义实际上是增强了；以前研究教学目标，更多的是作静态的研究，现在更多地关注教学目标在教学活动实践中的达成度,这样教学目标的实践价值就变大了。关于教学目标设计的研究进展,可以从教学目标的表述要求和表述方法两个方面来观照。

1.教学目标的表述要求

教学目标的表述要求方面,较为一致的观点是目标要符合以下要求:

第一,教学目标的达成主体必须是学生。在以往的教学目标的撰写中,会经常出现一些主体错位或达成度不明确的状况。比如,"引导学生赏析文中的表现手法",这个教学目标就出现了主体错位和教学达成度不明确两个方面的问题。首先,"引导学生"意味着这个目标的行为主体是教师,如果按照这个目标开展教学,教师只要做到"引导"就意味着完成了教学任务,这显然是不够的;其次,"赏析文中的表现手法",教学达成度不明确,"赏析"什么,"赏析"到什么程度,这样的教学目标会直接导致课堂教学变成走马观花式的过场。

第二,教学目标的指向应该是学习结果。教学目标的表述可以包含学习活动的过程或手段,但不能完全用这二者来取代结果。比如《观舞记》中的一个教学目标:"通过反复吟咏作者观舞后的感受,调动学生丰富的想象力,初步感受本文中精美的描写。"在这个教学目标中,前两项内容都是典型的学习活动过程或手段,第三项内容准确地说是一个体验过程,整个教学目标缺乏明确的对学习结果的表述。这样的教学目标在课堂教学中,无法界定是否达成或达成到什么程度,问题的根本还是对学习结果的表述没有到位。相比较而言,《云南的歌会》中设定的教学目标"从整体上把握文章思路,能准确说出文中三个歌唱场面的内容与特点",对学习结果的表述就非常明确到位,课堂教学活动的方向更加明确,教学活动的要求更加具体,教学活动的实施从而更加有效。

第三,教学目标的表述必须明确具体。教学目标设计的格式目前还没有一个统一的模板,每位教师根据自己的理解或习惯,在具体的表述上可以不尽相同,但教学目标表述的基本原则是必须明确具体。这就要求对教学目标的表述必须使用具体的外显性行为动词,而非抽象的内隐性行为动词。内隐性行为动词最大的缺点是课堂教学目标的达成度无法观察,比如,"感受作者笔下美好的生活,培养学生热爱民俗文化的情感""体会文章语言的精妙"等教学目标中的行为动词"感受""体会"等,这些行为动词的活动过程和结果都内隐在学生的头脑当中,在课堂学习过程中学生是否"感受""体会","感受""体会"的程度如何,无法有效把握。

2.教学目标的表述方法

目前,国内学者在教学目标表述方法的研究中,观点逐渐趋向一致。具有代表性的几位学者的相关论述如下:

华东师范大学代蕊华教授认为,教学目标的表述应该关注到课堂学习者的行为层面,课堂教学的行为主体应该是学习者,行为目标描述的是学生的行为而不是教师的行为,规范的行为目标的开头应该是"学生应该……"。行为本身是指达到教学目标的具体学习行为,通常以行为动词来表述,例如"写出""列出"或"预测"等,同时还要注意行为动词的可观察性和可操作性,尽量避免用"知道""理解""掌握"等含义不容易确切把握的词。行为条件是指影响学习者产生学习结果的有关情境,如"能利用字典查出本课所有生字的含义",其中,"利用字典"就属于行为条件。行为目标还要有行为标准,行为标准是指用来评价学习结果的标准,比如,"能列举出三种以上的解决方案","三种以上"就是行为的标准[①]。

北京师范大学张秋玲教授在论述教学目标设计方法时,以具体的教学案例进行了阐释。以鲁迅的《记念刘和珍君》一文为例,"在

细读两遍课文的基础上,每个学生至少圈画出直(间)接参与'三·一八'惨案的五个不同身份人物的称呼,并能结合上下文对其中的一类人物作简单点评"。这个目标案例对行为目标中的行为主体、行为动作、行为条件及行为标准都有明确的落实,这一行为目标在课堂教学中能够得到很好的实施与达成。另外,著者对美国当代学者格兰朗德的教学目标编写方法也进行了阐述,其中最重要的特点就是将教学目标分为两步编写,第一步是界定与编写母目标,第二步是依据母目标编写子目标。母目标的表述要具体到足以给教学提供方向和指导,但又不能过于琐碎,应能包含一些具体的学习行为。子目标的编写可依据母目标将教学内容及要求分解成可观察、可操作、可测评的具体行为动作,列举出能足够表明达到母目标的代表性从属行为,子目标是衡量母目标能达成与否的具体指标。同样以鲁迅的《记念刘和珍君》一文为例,母目标为:辨析鲁迅对直(间)接参与"三·一八"惨案不同人的情感趋向。子目标为:(1)列举鲁迅创作《记念刘和珍君》的原因,指出哪一个原因是真正促使鲁迅写下这篇文章的;(2)在文中圈画出鲁迅提及的几类直(间)接参与了"三·一八"惨案的人物,并根据鲁迅对其的褒贬进行归类;(3)选择其中的一类人物,简述文章是如何对这类人物进行描述的,鲁迅通过这些语言向读者传递出的是一份什么情感;(4)请以一个现代人的视角,从历史的角度评析文中所涉及的人物(可选择一类人物进行评析)[①]。

---

① 张秋玲.语文教学设计:优化与重构[M].北京:教育科学出版社,2012:160.

第四章　课堂目标教学策略阐释

一、课堂实践中目标教学理论运用的思考

前面章节的内容主要就国内外目标教学理论进行梳理和综述，但目标教学理论运用到实际课堂教学当中，还存在很多需要系统思考的问题。本章内容，笔者从运用目标教学理论优化课堂目标设定、细化课堂活动流程、深化生本课堂内涵三方面进行论述。

(一)运用目标教学理论优化课堂目标设定

目前，在课堂教学实践中，尽管语文教师的目标意识普遍很强，但教学目标还存在具体性不够、操作性不强、达成度不高的"三不"现象，甚至教学目标只停留在教学设计中的"纸面化"上。因此，还需要合理运用目标教学理论，优化课堂教学目标设定。

1.让教学目标内容设定更加具体化、更具操作性

布卢姆目标分类学对课堂教学最有指导意义和实践价值的应该是认知过程维度的分层理论，即认知过程分为六个维度：记忆、理解、应用、分析、评价和创造，同时，为了方便人们准确把握认知过程的具体情况，布卢姆又用了19个动词进一步界定了认知过程

的层级[①]。

比如,记忆认知维度包括:再认、回忆,理解认知维度包括:解释、举例、分类、总结、推断、比较、说明等。认知过程中的19个关键性动词,如果从目标教学的角度而言,至关重要。一方面,它进一步明确了认知过程的具体层级,有助于教师将教学目标和教学内容按照能力层级归类;另一方面,正因为这种认知过程层级的明确化,会引导和促进教师提高教学目标设定的具体化程度,让目标便于课堂中进行实施与检测。比如课文《我的母亲》教学目标的设定就较好地运用了布卢姆的目标分类学理论:

目标1:能概括本文围绕"母亲"写了哪些事,整体感知课文。

目标2:找出并品读描写母亲的语句,说出母亲的教育对作者的影响,深入体会母亲的品性。

目标3:找出文中抒情、议论的语句,概述母子之间的深厚感情,理解母亲,体会真挚的母爱。

2.让学习者的认知过程更符合规律、更加科学

语文教师在课堂教学时,对学生认知能力的培养一般存在两种误区,一是过分地以"记忆"训练替代较高维度的对认知能力的训练;二是当较高维度的认知能力训练出现问题时,不会系统地由低到高地分析原因。前者表现在教师过度地要求学生对课堂讲解内容死记硬背。其实从目标教学的理论而言,"记忆""理解"与"应用"是三个有联系但又相对独立的能力层级,"记忆"是"理解"的前提,

---

① 安德森,等.学习、教学和评估的分类学[M].皮连生,译.上海:华东师范大学出版社,2008:28.

但不能完全依靠过度训练"记忆"来提高学生的"理解"水平。美国课程理论专家拉尔夫·泰勒认为："如果教师希望学生掌握死记硬背之外的行为,他们需要将这些行为的测量与信息的测量分开专门进行,因为不能依赖信息的测试来对学生的应用、分析或解释的能力提供有效的指标。"①第二种误区在课堂教学中也较为普遍存在。在课堂提问中,如学生对某一种修辞手法的表达效果进行"分析与评价",教师感觉学生的回答不理想,要分析原因,除了分析学生"评价"能力的学习状态外,还要从学生对这种修辞手法知识的"记忆"、内涵的"理解"以及运用能力等方面来分析,如果学生前三项能力达不到要求,自然也就不会对它进行"分析与评价",这样教师在对学生进行补缺补差时就能找准问题的症结,开展针对性教学了。

(二)运用目标教学理论细化课堂活动流程

目标教学理论注重教学的三个维度,即知识维度、认知过程维度及情感维度,新课程标准中的三维目标概念或许也源于此。其中与课堂教学活动关联度更多的是认知过程维度,这六个层级由浅入深、由低到高地体现了人的认知深度与认知水平,也体现了人的认知规律,所有的认知都会经历这一过程。因此,中学语文课堂运用认知过程维度理论,细化课堂教学活动过程,对促进高效课堂建设意义重大。著名特级教师黄厚江说:重点教学内容要分层推进,重点学习活动要分步到位。讲的就是这个道理。

庞维国教授曾举过一个教学案例,教学目标是"理解议论文写作中的'例证法'",但如何理解、如何观察学生理解的行为、如何检测学生理解的程度等这些问题,就需要在课堂教学过程中构建具体的活动项目来分解和落实。庞维国教授细化的课堂教学活动过程

---

① 马扎诺,肯德尔.教育目标的新分类学[M].2版.高凌飚,吴有昌,苏峻,译.北京:教育科学出版社,2012:98.

如下：

（1）用自己的话解释什么是例证法及运用例证法的条件；

（2）在课文中找出用来说明论点的例证方法；

（3）对于提供的含有例证法的文章，能指出其中包含的例证方法。①

在庞维国教授的教学案例中，"理解议论文写作中的例证法"这个教学目标需要细化的课堂教学活动来支撑，没有细致而有效的课堂教学活动，这一教学目标就无法落实和达成。因此，庞维国教授设计了一系列的活动，如让学生解释例证法，找出文中的例证法，能指出课外读物中的例证法。教学活动设计由浅入深，由知识的记忆到运用，从而使教学目标高效达成。

（三）运用目标教学理论深化生本课堂内涵

追求生本课堂就是强调课堂教学要遵循教育规律和人的发展规律。课堂教学中的生本意识应当集中体现在两个方面：一是教学方式要符合学生的学习认知规律，二是教学精神要尊崇平等和民主。笔者在研究和实践当中，深深体会到，运用好目标教学理论能够很好地丰富和深化语文生本课堂内涵。

比如，利用目标教学理论，科学合理地布置作业，降低学生机械的作业量，减轻学生的课业负担，使语文作业训练更加高效。以下面两种作业方式为例：

作业一：抄写古诗5遍。

---

① 庞维国.自主学习——学与教的原理和策略[M].上海：华东师范大学出版社，2003：239.

作业二：背诵古诗，并自主默写一遍，与原文比较，找出错误并订正。

"作业一"一味地要求学生抄写并不能让学生明确地领会作业意图和学习目标，因此，语文学习中一部分学生感觉时间和精力花费了不少，但成效不高，究其原因，与这种低效作业有关。"作业二"的设置无疑更加合理，作业目标是希望学生背诵并记忆，因此在作业要求中直接将目标告诉学生"背诵古诗"，同时用"默写一遍""与原文比较"及"订正"等行为让学生正确背诵。笔者在平时教学研究过程中，通过多次实践比较，学生通过这种作业形式对古诗的背诵及记忆的效果明显好于单纯抄写。

运用目标教学理论，合理处理知识与能力、过程与方法以及情感态度与价值观三者之间的关系，使学生深度参与课堂学习对话与交流，学生课堂自我意识与学习主体意识更强，学习的自主意识与兴趣更浓。没有系统的目标教学理论作基础，教师安排语文教学内容与处理课堂教学问题时，容易犯"知识本位主义"毛病，认为语文的课堂自然就是语文知识学习的课堂，语文知识的教学自然就是教师讲、学生听，而忽视了学生学习的"过程与方法""情感态度与价值观"也是目标系统中的两个维度。因此，在语文课堂教学中，教师更应该思考"怎样让学生更好地学""怎样让学生学得更好"这类问题，把这些问题的内容融入教学目标当中，这样语文的课堂才有可能散发出学习的活力，才能弥漫人性的光辉。

综上所述，深入地学习和研究目标教学理论，并以之指导初中语文课堂教学实践，语文课堂教学目标的设定更具体、操作更便捷、达成度更高，语文课堂教学活动会更生动活泼，生本课堂的特色体现会更明显。

二、关于教学目标设定关键性问题的分析

教学目标设定研究最远的距离是从理论到实践的距离,理论研究解决的是理念的问题,而实践研究解决的是落实的问题。而实践研究需要解决的问题无疑会更多、更难,因此更需要厘清一些关键性问题。

(一)关于课堂教学目标设定的具体性问题

运用目标教学研究成果,提高教学目标设定的具体化程度,使之在课堂教学实践中便于操作与实施,达成度更高。

1.具体性体现在教学内容的明确性中

目标教学内容的明确是目标设定的基本要求,但在长期的课堂教学实践中,这方面或多或少还存在一些不足。比如,语文教学目标"学习人物描写的方法",初看似乎也没什么不妥,细细推敲,教学内容又显得很宽泛,"人物描写的方法"是指一般性方法,还是作家笔下个性化的描写,不同的学段对人物描写方法运用的要求也是不同的,小学生只要了解即可,初中阶段对人物描写方法的学习要引导学生初步感受个性化的描写,像魏巍《我的老师》中对蔡老师的描写只有一句话"右嘴角边有榆钱大小的一块黑痣"。高中阶段以后,学生对人物描写方法的学习就更接近审美的高层次要求了。这样来说,简单的设定目标"学习人物描写的方法"不够明确,据此目标的课堂教学自然也就无法把握和确定。

课堂教学目标明确具体的案例也有很多,即使在其他学科中,也有这样的教学要求,以一节化学课教学目标的设定为例:

(1)了解金属的物理特性,能区分常见的金属和非金属。

（2）通过实验比较铁、铝、铜等常见金属的导热性、延展性和导电性。

（3）通过实验探究常见金属与氧气、稀酸、其他金属的盐溶液的化学反应，认识金属的主要化学性质；经历比较完整的实验探究过程，增强对科学探究的理解能力；体会小组合作的意义和快乐。

2.具体性体现在教学行为的操作性中

按照行为主义教学流派的观点，学生课堂学习过程应更多地用可观察的行为来表现，也就是说，我们应通过学生直观的行为观察学生的学习状况和学习程度。因此，行为主义教学目标的设定选用体现学生学习的外在动作动词，舍弃那些内隐性的心理动作动词，如"感受、理解、掌握"等。当然，学习是一个连续不断的过程，并不是所有的学习过程都可以精准到一个个的动作行为，只是说课堂教学行为如果能做到可观、可测，无疑会更好。比如，语文课堂教学目标设定选用一些"说出、找到、分类、解释、复述、比较、总结"等行为动词，让学生在这些具体直观的学习行为中来达成目标，会让教学更高效。如下面一节语文课教学目标的设定：

（1）能够列举议论文的基本知识要点，辨认议论文的文体特征。

（2）能够依据课文来评定、判断并总结文中的观点。

（3）能够说出这篇文章是如何围绕"论题"逐层展开论述的。

（4）帮助学生建立起多维度、多视角观察事物的意识，初步知道人的创造性源自何处。①

(二)关于课堂教学目标增强学生的发展性的问题

课堂教学的根本目的是构建学生的学习力,提升学生的学习品质,促进学生的可持续发展,课堂教学目标的设定无疑要服务于这一教学目的。但在常态课堂教学中,教师仍然惯性地将课堂教学仅仅定位在强调知识、死记硬背、注重分数上,而忘记了课堂教学的本质是方法的传授、是学习过程的体验、是提高学生的思维品质。为此,目标教学倡导课堂教学的指导思想要完成以下转变。

1.目标的内容要从知识教学转向学习方法传授

这一转变是有效构建学生持续学习力的重要途径。学习是一个漫长持续的过程,在这一过程中,支撑学生学习效果和学习能力的基础除了知识,更重要的还是学习能力,而学习能力的提高最终得益于学习方法的传授。比如语文课教学中的预习教学,单纯注重知识传授的教师只会在教学开始前检查一下学生的预习状况;而方法传授型教师则在检查预习状况的基础上注重引导学生相互交流和关注彼此的预习方法。再如语文阅读教学,知识传授型教师常常偏狭地讲究单个字词品味、语句揣摩,方法传授型教师则注重在此基础上的阅读迁移能力的培养以及长远的阅读习惯的养成。

2.目标的实施要从死记硬背转向学习过程体验

课堂教学最大的价值在于对学习过程的体验,学生在课堂上不仅仅是记住一些概念,而是通过对这些知识的学习建构自己的知识体系。这种对知识本身的理解、运用、分析及评价都需要在课堂上通过学习过程来建构和完成。学习过程的价值还体现在它是学生

---

① 张秋玲,王彤彦,张萍萍.新版课程标准解析与教学指导:初中语文[M].北京:北京师范大学出版社,2012:105.

学习兴趣激发的载体,学生在学习过程中会体会到学习的成功和快乐,体会到合作的意义和重要性。因此,课堂教学目标的设定一定要有过程观念,目标的实施一定要有过程意识。

目前,课堂教学目标的实施过程较为欠缺的一点是,教师只注重问题的问答形式,而忽略学生探疑和纠错的过程。比如,教师提出一个教学问题,学生回答错了,教师让该生坐下,另找一位同学,直至答对。这一问答教学的问题在于,答错的同学的学习过程被人为地忽略了,如果教师给予一定的引导、点拨,或许答错的同学就能体验到从试误到正确的学习过程。

体验式课堂的形式也是不拘一格,实验操作可以是体验,动口描述也可以是体验。以支玉恒老师执教《只有一个地球》为例:

> 读出你心中的滋味:如读出你看到地球遭到严重破坏时的"酸味",读出宇航员看到宇宙中美丽的地球时的"甜味",读出人类破坏了地球别无他寻时的"苦味"……(支老师的朗读指导如同指挥交响乐,他一方面让学生体会着读出酸甜苦辣等不同滋味,一方面用他那指挥家般的手势将学生带到一浪接一浪的如痴如醉的朗读中。)[①]

3.目标的达成要从只重结果转向提高思维品质

课堂教学目标应该直接指向对学生思维品质的培养层面,因为课堂教学的本质是对学生思维品质的培养。但思维品质有哪些,语文学科的思维品质又怎么来培养,是语文学科目标教学需要重视和研究的问题。从宏观上来讲,语文思维是一个繁复的知识系统,且

---

① 汤胜.语文高效课堂——基于目标·知识·活动的研究[M].合肥:安徽教育出版社,2012:22.

这个系统对学生而言是一个螺旋上升的系统,语文思维发展是一个不断学习不断提高的过程。语文教师需要做的是课堂教学实践层面的工作,将提高学生的思维品质与具体的教学问题相结合。也就是教师要思考的问题是如何做到将课程标准中的学科思维与具体的教学内容相融合,并落实到课堂教学中。比如语文阅读教学中的语言欣赏,从学科思维来讲,是培养学生对语言的美学欣赏思维;从具体的教学内容来讲,是结合语辞形式或语辞内容来感悟美的思维训练。可以说,课堂的每一项内容都是针对学生思维进行训练的教学过程,作为课堂教学的出发点和归宿的教学目标设定理应认识到这一点并将其置于重中之重的位置。

一则以思维训练为教学目标的课堂教学片段①:

教师:文章中哪些词语或句式很"特别"?

教师:生活当中,如果向别人讲"一家人散步"这样的事,一般会怎样介绍? 比如:昨天晚上,我……

学生:我们全家人一起散步。

教师:如果需要向别人强调散步的人,会怎么说?

学生:我和爸爸、妈妈一起去散步。

教师:作者怎么写的?

学生:我,我的母亲,我的妻子和儿子。

教师:这样写,与前面的两种相比较,读起来有什么不同的感受?

学生:很庄重,很严肃。

教师:对,把一件生活小事当作很重大的事件来写,如果用

① 郑桂华.语文有效教学——观念·策略·设计[M].上海:华东师范大学出版社,2009:146.

一个词来形容的话,就是"举轻若重"。

三、"目标引领、活动达成"课堂教学策略阐释

"目标引领、活动达成"课堂教学策略研究的思想基础是新课程"以人为本""立德树人"的教育理念,以及课堂是教学的主渠道、倡导高效课堂建设的教育思想。国家教育发展和新课程改革当中最重要的理念是"以人为本""立德树人",教学一线的教师应该思考如何在课堂教学中让这一理念落地,让学生通过一节节课的学习收获知识、收获成长。课堂教学是一个有机的生态系统,教师与学生、知识与能力都是这个系统中的有机组成部分,"目标引领、活动达成"课堂教学策略是基于这一有机生态系统的实践研究。

(一)"目标引领、活动达成"教学内涵的理解

"目标引领、活动达成"注重课堂教学目标的科学性与发展性,注重课堂教学活动的实用性与高效性。教学目标是课堂教学的目的与方向,教学目标不仅要解决课堂教学的指向性问题,还要解决课堂教学的定位性问题;教学活动是目标学习及任务达成的过程与载体,课堂教学活动的构建是课堂教学研究的重点与核心,课堂教学活动直接决定课堂教学成效,决定教学目标的达成。

1."目标引领"的原则与要求

"目标引领、活动达成"中的"目标"指课堂教学目标。课堂教学目标设定除了在内容上要符合课程标准外,还要求贴近学情,要让学生易于感知学习任务,明白知识与能力的程度要求。

课堂教学中的"教学目标",需要教师在备课环节根据课程目标、单元(或章节)教学要求、教学内容以及学情综合分析而定。新

课程改革倡导课堂教学活动服务于学生的学习活动(有些教学设计直接将教学目标设定为学习目标),因此教学目标设定的出发点也应该是服从于学生学习的需要,即目标的设定应该做到有利于学生更透彻地理解知识和掌握知识,有利于学生学习兴趣的调动,有利于学生学习习惯的培养,有利于学生学习思维的开发,有利于提高学生学习的效度和学生的学习品质。

课堂教学目标设定应该遵循以下几个原则:

(1)教学目标的表述要尽可能的明确具体,以便于教师与学生在教学中更容易明白学习的目的与任务,同时方便目标在课堂教学活动中的达成。教学目标的表述要明确具体,便于课堂教学中学生的学习,学生要能清晰明确地知道自己要学习什么内容,这项内容要学到什么层次和程度。

(2)教学目标的内容应涵盖并有机融合知识与能力、过程与方法、情感态度与价值观等几个方面。在教学目标中,过程与方法方面的目标重点应包括学习习惯的养成、学习方法的点拨、学生思维品质的训练等内容,教师要更加注重学生对知识学习内化过程的体验。情感态度与价值观方面的目标除了在教学目标中设置适度的教学内容外,在课堂教学活动中,师生融洽和谐的学习氛围、师生间的言行示范都是其体现。

(3)教学目标的设定要关注对知识本质的理解。语文学科在义务教育阶段注重基础知识的传授与基本能力的培养,基础知识在学生内化理解中形成自身的基本能力。在这一过程中,学生对学习的基本知识本质的理解就显得尤为重要。理解语文学科知识的本质要将其放到学科知识体系中去,字、词、句、段与手法、修辞都离不开具体的语境和作品的主题。教学目标的设定要充分地关注学生对知识本质的学习与领悟,而不能让语文学科知识成为一个个孤立的点。

（4）教学目标的设定要有系统性。教学目标设定的系统性体现在三个方面：首先，教学目标各项目之间要有系统性，如果在一个课时的教学中教学目标不止一项，那么目标项要按照由浅入深、前后关联的逻辑次序设定。其次，教学目标要有学段系统性和学科知识系统性，一个学段的所有的课堂教学目标汇总起来应能系统地建构一个学科的知识体系。课堂教学目标的设定要着眼于从课程实施的宏观层面引领和观照课堂教学，引导学生从类的角度建构学科思想与知识体系。最后，教学目标在学生能力提升上要有系统性，课程标准中对一个知识点的学习，在教学目标要求上往往体现为"记忆、理解、应用、分析、评价、创造"六个维度的能力要求，因此，教学目标的设定也应该有提升学生学习能力的教学思维，课堂教学目标的设定不能仅仅停留在知识传授与学习层面。

（5）教学目标的设定要有活动意识。课堂教学活动是教学目标的实施与落实，所以好的教学目标的设定也应该有较强的活动意识。现代教育理论也要求教学多开展体验式学习，要求教师尽可能多地引导学生在活动体验中深化对知识的理解和掌握，因此，教学目标的设定应有一定的活动构建意识和思维。那么，在教学目标中如何体现活动构建的意识和思维呢？首先，教学目标设定中的行为动词应尽可能地使用外显性的行为动词，如"说出""找出""交流展示"等，外显性的行为动词本身就是一种活动，学生通过外显性的动作可以知道自己参与活动的程度和深度，体现出学习成效；其次，将教学目标与学习活动有机地融合，如教学目标"找出文中相关的词、句、段，说出其中体现的情感，并通过朗读表现出作者的写作情感"，其中"找出文中相关的词、句、段，说出其中体现的情感"是一项学习活动，学生通过"找出""说出"等活动完成对相关内容的梳理与理解,同时更重要的是目标中的"通过朗读表现出作者的写作情感",这是一项对情感的体验性活动,学生通过这种体验,不仅深化了对情感的理解程度,而且也增强了写作意识。因此,在教学目标的设定中强化活动意识,也是教学目标优化的一种途径。

2."活动达成"的原则与要求

"目标引领、活动达成"中最关键的部分还有"活动达成"。"活动达成"应从两个方面理解,其一是"活动",其二是"达成"。"活动"是指课堂教学活动,是指课堂教学中教师引导点拨学生参与体验一个个由浅入深,将知识学习由形象到抽象,涵盖识记、理解、运用、分析和创新能力的课堂教学活动。"达成"是指"活动"对目标的落实和完成的程度。从教学本质上来说,在课堂教学中,教学目标一旦确定后,接下来就是师生间如何开展高效的学习活动了。不同教师因为对教学行为的理解不同,所构建的学习活动在形态与层次两方面都会有一定的差异性,因而对学生来讲,学习的成效不尽相同,有的相对高效,有的可能较为低效。

目前,在课堂教学活动构建中还是有一些误区,清楚这些误区对合理构建并有效开展教学活动意义重大。课堂教学活动构建的误区主要有以下几种体现:第一,教师对教学活动的重要性认识不到位,课堂教学活动构建随意性大,缺乏明确、具体、统一的活动构建策略及要求。第二,在课堂教学中,教师的活动行为过多,过分地占据了本应属于学生学习体验活动的时间和空间,从而把学生本应在课堂上完成的学习体验过程延伸到课外,影响了学习的效度,部分学习能力不强的学生可能无法完成对知识的后续学习和理解。第三,活动的内容单一,过多地集中在对知识的记忆上,课堂教学中对知识的讲授取代了学生的体验。第四,在课堂教学中,外在浅表性的活动多,深度的思维训练性活动不够。外在浅表性的活动容易给人带来课堂热闹纷呈的假象。一些教师也习惯于在课堂上设置一些对思维训练性要求不高的问题,学生的学习只能停留在浅表层面。第五,课堂教学活动不能面向学生全体。很多教师在教学中设置的问题和构建的活动只为少部分学生量身定制,课堂教学活动解决不了一部分学习有困难或学习达不到要求的学生的问题。第六,课堂教学活动的构建缺乏层次性、序列性与系统性。课堂教学内容有一定的预设性,也有一定的生成性,因此教学活动也应该具有动态生成性的特征,应该适时结合课堂教学状况增加或调整活动的内容和形式。第七,部分教师构建的课堂教学活动不太适合学生的年龄特点,学生对这类课堂教学活动兴趣不大,导致一些课堂教学浮于表面,为活动而活动。

基于上面论述,那么具体的课堂教学活动的构建与实施有哪些原则与要求呢?

1.教学活动的构建要有明确的主体观

学生是课堂学习活动的主体,教师是学习活动的组织者与指导者。因此,教师应根据目标要求、学习内容的难易程度及学生状况的差异程度构建不同的学习活动的内容与形式,当学习活动的内容与形式确定以后,教师就成为学生学习过程的指导者与帮助者。

2.教学活动的构建要有严格的质量观

课堂教学活动构建的质量直接关乎教学目标完成与落实的效度。课堂教学活动构建的质量体现在活动的形式与内容层次上。好的课堂教学活动应符合以下特征:一是教学活动的形式和内容深受学生喜爱,学生参与课堂活动的兴趣高。二是教学活动的构建层次性强,教学活动促进学生对知识的理解和掌握,由表及里,由内到外,能引导学生深化对知识本质的理解,教学活动能促进学生思维的发展与能力的提升。另外,从活动的序列性方面而言,如果教学目标偏大、偏繁复,应选取一个分层活动序列来逐步完成。三是教学活动的体验性要强,要引导学生在做中学。美国华盛顿儿童博物馆墙上有一条醒目的格言:"我听过了,我就忘了;我看见了,我就记得了;我做过了,我就理解了。"四是教学活动要保持一定的开放性,要结合课堂教学内容的生成调整教学活动的内容和形式。

3.教学活动的实施要有严谨的成效观

课堂教学的成效是课堂教学的根本,而高效课堂在很大程度上是建立在高效教学活动的基础上的。课堂教学活动的成效观的内涵主要有以下三个方面:一是活动的构建和实施应面向全体课堂学习者,这是确保课堂教学高效的前提。面向课堂全体学习者的活动既要有整体意识,又要在教学中有个体意识,教学活动要切实帮助学习困难者解决实际问题。二是教学活动的实施要有成效检测意识。在线学习或新技术课堂最突出的亮点是学习活动的实时检测性功能,实时检测能在一定程度上了解活动的有效性,同时可以充分调动学习者的学习情绪。另外,在活动实时检测中要注意评价反馈的即时性。三是要充分讲求课堂学习活动构建和实施的策略性,以增强学习成效。如记忆性学习,常用的策略有"复述、视觉映像、分类整理及做笔记等"(见施良方《学习论》)。该书还介绍了一些有关概念性知识的形成策略、知识迁移原理与策略(特别是学习定势理论与认知迁移理论)等,教师学习一些相关的学习原理与策略,能切实提高学习活动构建的科学性,从而提高课堂学习成效。

(二)"目标引领、活动达成"课堂教学思路

图4-1的教学模型图是对"目标引领、活动达成"教学思路的基本呈现,模型图中的时间轴代表教学进程,时间轴将教学过程分为课前和课堂两个阶段。其中"目标引领"和"活动达成"虽然在模型图时间轴中分属左右,但在实际教学中是相辅相成、不可分割的。

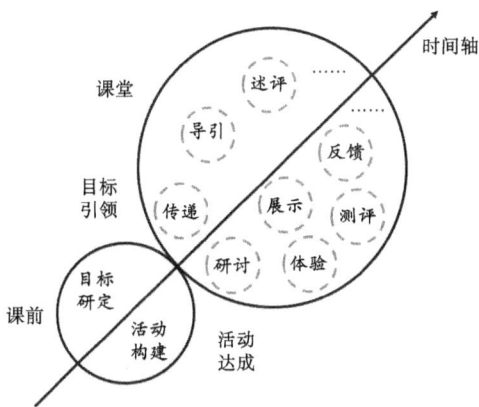

图4-1 "目标引领、活动达成"教学模型图

课前阶段主要是"目标研定"和"活动构建"内容,是课堂教学的目标、内容和活动的确定阶段,也是教学的准备阶段。

课堂阶段是目标和活动的实施阶段,目标和活动的实施是融合在一起的,目标的实现要靠活动来支撑,活动的目的是为了目标的达成。目前,有很多的教学研究用"场域"的概念来概括和形容课堂教学各因素之间的状态,也是比较恰当的。

在"目标引领"课堂教学阶段,使用了三个有代表性的关键词来阐释目标引领的内涵,分别是"传递""导引""述评"。其中,"传递"是在课堂教学环节中的初始阶段,目的是在课堂教学中要让学习者充分地感知教学目标,这种感知可以是教学中的目标呈现,也可以是其他形式的告知,向学习者"传递"教学目标是一种良好的教学意识,让学习者明白要在学习中做什么,做到什么程度;"导引"表示教学目标对学习内容和学习环节的导向作用,这种导向作用,从功能上来说,主要是导教导学导测评;"述评"是教师围绕教学目标的实施和达成情况展开的总结和评述性教学活动。

在"活动达成"课堂教学阶段,包含了"研讨""体验""展示""测评""反馈"等五个关键词,分别阐释了几种类型的课堂教学活动。其中,"研讨"主要指课堂教学中的对话、交流类活动;"体验"主要指学习者通过亲身参与性行为来感受和理解知识;"展示"是学习者通过语言或其他方式展示学习成果,这种学习成果可以是理解、见解,也可以是运用和操作;"测评"和"反馈"主要是对课堂学习结果的检测和总结性活动。"活动达成"中几种类型的活动都是围绕课堂教学目标的达成而开展的教学活动。

"目标引领、活动达成"教学模型图是对目标教学基本思想的一种探索和阐释,模型图中的各项元素都不是单一割裂的,都是相互融合、相辅相成的教学行为。

实践篇

第五章　课堂教学目标设定案例及解析

　　加强对课堂教学目标设定案例的研究是目标教学研究领域一个重要的环节和步骤。课堂目标教学研究终究要落实到目标设定的实践研究当中去,有效开展目标设定研究就需要加强包括目标样本问题分析、目标开发案例在内的行动研究,同时在目标开发案例研究当中强化活动构建意识,使目标开发更契合课堂教学实践,这样就能为后续的课堂教学设计及实践奠定扎实的基础。

一、基于样本问题的教学目标分析

　　《人民教育》2014年第3期刊载过一个语文目标教学研讨案例,内容是沪教版《登泰山观日出》第一课时的教学目标设定方案,目标方向是"品味文中比喻方法的运用"。在研讨中,教师初定及修改后的学习目标如下表5-1[①]:

---

　　① 吴蕾,裘文瑜.重新理解"学情分析"[J].人民教育,2014(3):44.

表5-1　初定与修改后的学习目标对比1

初定的学习目标	修改后的学习目标
1.正确、流利、有感情地朗读课文,初步体会比喻句在文中的表达效果; 2.品读文中的比喻句,体会作者是如何抓住事物特点来比喻的; 3.背诵第4节,积累优秀语言; 4.能在自己的习作中自觉运用比喻的修辞方法	1.巩固辨识和判断比喻句的方法,能正确找出本文及课内外不同类型的比喻句; 2.品读比喻句,体会抓住事物特点准确生动地进行比喻,知道可以通过不同角度、动态变化、穿插感受等方法来写比喻句; 3.背诵第4节描写云雾的比喻句,积累优秀语言; 4.仿照课文比喻句的写法,尝试运用比喻的修辞手法,描写看烟花的景象

　　通过对初定和修改后两个学习目标的比较可以看出,初定的学习目标相对较为笼统,如目标1和目标2中"初步体会比喻句在文中的表达效果""体会作者是如何抓住事物特点来比喻的",如何"体会"? 怎样才能做到"初步体会"? 修改后的目标1和目标2就变得明确具体、易操作了,"巩固辨识和判断比喻句的方法"是小学学习过的内容,在此节课中可以加以复习和巩固,"能正确找出本文及课内外不同类型的比喻句",目标的行为、内容及要求均能让学生清楚明白,在课堂教学中学生也易于达成;目标"品读比喻句,体会抓住事物特点准确生动地进行比喻,知道可以通过不同角度、动态变化、穿插感受等方法来写比喻句",用"不同角度、动态变化、穿插感受等方法"将"体会"的内涵和要求做了具体的界定,这样目标就变得具体、易操作了。初定的目标3看似明确具体,其实也是比较笼统含糊的,"背诵"要有明确的目的,学习内容既然是比喻句,当然背诵就应该抓住重点和主题,所以修改后的目标3将内容定为"背诵第4节描写云雾的比喻句,积累优秀语言",是非常合理和必要的。初定的目标4"能在自己的习作中自觉运用比喻的修辞方法",在课堂教学中是无法做到落实的,修改为"仿照课文比喻句的写法,尝试运用比喻的修辞手法,描写看烟花的景象",目标就能够在课堂上落实了,只有在课堂上能实际操作,"自觉运用比喻的修辞方法"的这种思维才

能真正建立起来。

同样的案例还有下表5-2中的内容,这里就不做具体分析了。

表5-2　初定与修改后的学习目标对比2

教学	初定的学习目标	修改后的学习目标
《山中与裴秀才迪书》	1.品味全文,体会"文中有诗,文中有画"的特点; 2.感悟文中描绘的景物所含有的深趣; 3.掌握本文借景传情、借景寄意的书信文体特征	1.能举例说出本文"文中有诗,文中有画"的特点; 2.能分别说出文中景物的意趣(境); 3.能举例说明本文中情景交融的句子,并归纳总结出本文的中心主题

下面是另一篇关于教学目标样本问题的分析案例,内容是对教学目标中存在问题的分析以及对教学目标进行的修改,读起来还是有一定的启发意义的。

关注教学目标的达成——《我的母亲》教学目标分析案例

马鞍山市第八中学　洪潇

对于每一篇教学设计中教学目标的确立,我相信笔者都是经过深思熟虑的。但在目标的细化和分层的过程中,每一个小目标的合理性和目标达成的可行性还是需要做一些分析和研究的。下面我就一节语文教学研讨课《我的母亲》的教学目标设计来谈一谈。

【教学目标样本】

(1)读懂文章,了解母亲的形象及爱子之心。

(2)品味文本质朴的语言,体会母亲的品性及对作者的影响。

(3)感受作者对母亲的深厚感情。

(4)通过学习文本,学生能够理解母亲,体会真挚的母爱。

【样本问题分析】

第一个教学目标，我认为比较模糊，不好达成，怎么界定"读懂"与否，是一个问题。"了解"这个词也让这个目标变得不好把握，究竟了解多少，了解到什么程度呢？所以，我认为这个目标的设定不合理，因为在达成上有很大的困难。

第二个教学目标是品味语言，对于这篇回忆性的写人记叙文，语言的品味必不可少，而且品味语言是体会情感的重要途径。本文语言的风格是平实质朴的，作者用儿童的口吻来叙述童年往事，直白、坦诚地表达自己内心对母亲真挚的情感，通过类似白描的勾勒把母亲的形象刻画得入木三分，表达了胡适对母亲深沉质朴的爱。从这些来看，教学目标对学习方向的把握上是正确的，但目标内容的设定有一定的问题，"品味""体会"都是模糊不清的行为动词，无法在课堂教学中做到教学程度上的界定。

同样的问题在第三、第四个教学目标中也存在。"感受作者对母亲的深厚感情""通过学习文本，学生能够理解母亲，体会真挚的母爱"，教师在教学中如何让学生"感受"作者的情感，学生学习哪些内容才能做到"感受"作者的情感；"学生能够理解母亲""体会真挚的母爱"，怎样教学才能让学生对母亲"理解"？对文中母爱做到真切的"体会"？这样的目标在教学中其实是无法达成的。

从根本上来看，以上教学目标设定上的问题的根源是：首先，教师在设定教学目标时，缺乏学生的主体意识，没有把学生的学习摆在课堂教学的首位；其次，教师缺乏必要的教学成效意识，在教学目标设定时不能做到具体、易操作，缺乏必要的教学活动做支撑，从而在课堂教学中无法真正做到落实和达成。

综合以上问题分析,我将教学目标修改如下:

【**教学目标修改**】

(1)通读全文,用简要的语言分别概括文中刻画母亲的语段的内容。

(2)结合文中具体的语句或语段,总结并交流其中所表现出的母亲的品质,感受母亲的形象。

(3)结合文中母亲形象的内容说出并体会作者内心的情感,找出蕴含丰富情感的句子,并用朗读来表现自己的体会。

语文教学目标设定的合理性和课堂教学目标的达成度,是我们每一个语文教师都要潜心思考的问题。能够长期坚持观察别人,反思自己,做到"见贤思齐焉,见不贤而内自省也",我们就能不断提升自己,从而实现课堂教学的规范高效。

对目标样本问题开展分析研究,可以就目标样本存在的问题进行直接的修改,也可以就目标样本问题进行分析,在问题分析的基础上再进行修改。

二、基于教学目标开发的案例分析

课堂教学目标的开发是基于课程标准思想、单元教学要求、文本内容及学情综合研究的教学目标的确定过程,目标开发的这一过程没有一个固定的、可以流水线式生产的程序,所以需要以大量的案例来进行阐释和示范。

下面是笔者的一篇有关散文教学目标开发的案例:

《藤野先生》教学目标设定案例

一、教学目标设定依据

1.课程标准中对散文阅读的相关目标要求

（1）读的要求，如朗读、默读等。（2）理清思路，理解主要内容，体味和推敲重要词句在语言环境中的意义和作用。（3）欣赏文学作品，有自己的情感体验，初步领悟作品的内涵，从中获得对自然、社会、人生的有益启示。对作品中感人的情境和形象，能说出自己的体验；品味作品中富于表现力的语言。

2.人教版初中语文教材八年级上册第二单元的教学要求

单元教学要求：历史不可"穿越"，却能在回忆性散文、传记中得以再现。本单元的课文，或深情回忆，叙述难忘的人与事；或怀景仰之情，展现人物的品格与精神。它们是过往时代生活的记录，又可成为未来人生旅途中的宝贵财富。学习这些课文，有助于我们了解别样的人生，丰富自己的生活体验。学习本单元，要了解回忆性散文、传记的特点，比如内容真实、事件典型、注重细节描写等。还可以从中学习刻画人物的方法，品味风格多样的语言，提高文学鉴赏能力。

从单元教学要求中梳理教学重点：（1）从内容角度阅读课文，梳理文中的人与事；（2）学习文中人物的品格与精神，领悟时代积淀下来的人生宝贵财富，丰富自己的生活体验；（3）了解回忆性散文的特点；（4）学习刻画人物的方法，品味风格多样的语言，提高文学鉴赏能力。

3.作业助读系统对教学目标设定的参考

统编义务教育语文教科书最大的特色是精心设置了文章阅读的助读系统，包括单元教学要求、课后练习作业、阅读知识短文等。因此，课后练习作业也是课堂教学目标设定的依据之一。

课后练习内容：(1)本文是一篇回忆性散文。看看文章记录了作者留学过程中的哪几件事，试为每件事拟一个小标题。(2)阅读课文中作者与藤野先生交往的部分，说说为什么他"在我的眼里和心里是伟大的"。(3)本文题为《藤野先生》，可是作者还用了大量篇幅写和藤野先生无关的见闻和感受，你认为写这些内容有什么作用?(4)鲁迅非常重视文章的修改，仔细比较下表中的原稿和改定稿，谈谈这些修改好在哪里(表格内容略)。(5)"弃医从文"是鲁迅一生中的大事，除了课文，还有一些文章对此也有记述，如《〈呐喊〉自序》。课后查找相关资料，读一读，加深对鲁迅这一人生选择的理解。联系实际，说说鲁迅的人生选择给了你哪些启示。

二、课时教学目标

综合以上信息，设定这篇散文的课时教学目标如下：

1.理解回忆性散文的特点

找出并读出文中体现回忆特征的信息，并理解其激发作者回忆的缘由。

2.概括文章主要内容

通过为文章所叙之事加小标题的方式学会概括文章内容。(教学中教师可以做示范性提示。)

3.理解文中的人物形象

找出并朗读文中对藤野先生的评价，并能结合课文内容进行分析。(教学中教师可以以表格形式做直观的学习引导。)

4.赏析文章写法

通过课堂研讨，总结归纳文中大量与藤野先生无关的内容的作用;通过课堂研讨，结合具体的语句内容开展比较阅读，并说说语言的精妙之处。

在上述案例中,教学目标将课程标准中对散文的教学思想进行梳解,内容包括朗读、内容概括、理清思路、文中重要词句段的鉴赏以及文章情感等方面,同时结合单元教学要求及课后助读系统内容,融合而形成课堂教学目标。教学目标既有宏观上课程思想的引领,也有微观操作性强、定位精确的教学要求,可以在课堂教学实践中做到切实可行。

下面是一篇文言文的教学目标开发案例,作者在案例中采用两步目标分层表述的思路。第一步的教学目标指引了课堂教学方向,内容包括"积累文言词语""借助赏析文中景物描写,感受苏轼超然的情怀",而在"目标分析"中,作者进一步将目标细化。如"积累文言词语"目标,作者将其细化为"(1)读准字音;(2)读对节奏;(3)读通全文,解决字词义的障碍,积累一些文言词语;(4)熟读成诵"四个分层目标。作者将第二个教学目标细化为"(1)能从文中找出叙事、写景、议论的语句,并借助修辞说出其中的精妙之处;(2)能借用背景资料,了解苏轼生平及与张怀民的关系,知人论世,感受并说说苏轼的人生态度和生活情怀",这样的教学目标设计和处理,也是十分精到和合理的,课堂教学也容易落到实处。

《记承天寺夜游》教学目标开发案例

马鞍山市第八中学　罗芳

【教学目标】

(1)积累文言词语,如:"欣然""念""遂""相与""盖"等;

(2)借助赏析文中的景物描写,感受苏轼超然的情怀。

【目标分析】

《记承天寺夜游》是苏轼在被贬于黄州的困苦境遇中所写的一篇抒情散文。全文仅85字,却运用记叙、描写、抒情等多种表达方式,创造了一个清冷皎洁的艺术世界,传达了作者豁达乐观的心境。课文学习对于学生陶冶情操、提高语言表达能力来说,堪称典范。

从本单元教学要求和本文的特点来看,通过本文的学习,要能够让学生学会借助课文注释和工具书读懂文章的大意,积累文言知识,掌握学习文言文的方法,提高阅读文言文的能力,体会借景抒情的方法,豁达、乐观地面对人生。

新课标要求阅读作品时要"知道浅易文言文中常见文言实词和虚词的意思;正确翻译浅易文言文中的一些重要句子;解说浅易文言文的基本内容;品味文学作品中富有表现力的语言;体味和推敲重要词句在语言环境中的意义和作用"。

针对这篇文章,我运用启发式和多媒体教学的手段,调动学生的学习积极性,指导学生通过多种形式的朗读提高文言文阅读能力。

因此,"积累文言词语,如:'欣然''念''遂''相与''盖'等"是本篇文言文教学的一大目标。

八年级的学生已经有了一定的文言基础知识与阅读能力,对于文言文的阅读与学习掌握了一定的步骤,经过以往的朗读训练,他们能很容易接受这篇短文,容易从朗读中获得学习文言文的喜悦感与成就感,进而主动加入理解、背诵、创新的学习活动中来。

所以,在"积累文言词语"这一教学目标下,我设计了以下具体可操作的目标:(1)读准字音;(2)读对节奏;(3)读通全文,解决字词义的障碍,积累一些文言词语;(4)熟读成诵。

郑桂华老师就阅读教学曾经提出一个观点:要开发文本的核心价值。那么,《记承天寺夜游》这篇文章除了字词句的基础教学点外,核心价值点又在何处呢? 我认为,除了文言词句的教学与积累之外,单元教学点中"感受古人情思"也是值得我们研究的话题。基于这样的思考,我把这篇文章的核心价值点定位在除了文言词句的积累之外,还要依托文本语言感受苏轼的人生境界。

夜间赏月,别有一番情致,但不同的赏月者却有着不同的心理感受。文中的"闲",绝非清闲之"闲",绝非不理政事,而是作者对贬谪后担任闲职之身份的自嘲。对于一个胸怀大志却遭受打击的"闲人"来说,其内心的忧愤是不言而喻的。但作者并未因此而消沉,而是以乐观豁达的态度面对挫折,在美好的大自然中寄托"闲情",明月当空,引发了作者的游兴,于是和志同道合的张怀民一同赏月。也只有在这样的心境之中,看到的月景才能那样迷人。这一幅清新淡雅、疏影摇曳、亦真亦幻的画面,给人以清新、空灵、闲适的感受。"空明"二字的绝妙,不仅在于对如水的月光的描绘,更是对这种"闲情"的写照,即作者旷达胸襟的体现。也正因为如此,作者才能发出"何夜无月? 何处无竹柏? 但少闲人如吾两人者耳"的感叹。

因而,"借助赏析文中的景物描写,感受苏轼超然的情怀"是我教学时的第二个目标。

新课标要求阅读作品时要"初步领悟古诗文的内涵,从中获得有益的启示",而八年级的学生正处于渴望求知的发展期,形成正确的人生观还有待于进一步的引导,再加上阅读要求的提高,对八年级的学生来说,增加了难度。

因此,在"借助赏析文中的景物描写,感受苏轼超然的情怀"这一教学目标下,我也设计了以下具体可操作的目标:(1)能从文中找出叙事、写景、议论的语句,并借助修辞说出其中的精妙之处;(2)能借用背景资料,了解苏轼生平及与张怀民的关系,知人论世,感受并说说苏轼的人生态度和生活情怀。

第二个目标同时也是本节课教学的重难点。

一般来讲,文言文教学目标的开发还要结合初中阶段学生的认知特点和文言文学习的基础,初中阶段学生学习文言文主要是以积累基本的文言词句为基础,通过多朗读以形成文言语感,同时理解一些浅易文言文的内容和思想情感,因此,文言文教学目标的设定基本上还是不会偏离这些内容。但在具体的目标设定的技术层面也有需要讲究的地方,这主要体现在要让设定的教学目标更加有利于学生操作和体验,不能仅仅停留在课堂讲授层面,即使是字词积累,也要在目标设定时考虑到学习成效层面。上述案例中的字词积累部分目标,如"读准字音""读对节奏""积累一些文言词语",这些目标尽管也有一定程度的细化,但还缺乏达成的标准,都还需要有相应的成效要求。比如"读准字音",在教学中,哪些字需要正音,这个问题好解决,但怎么才能让尽可能多的学习者有效掌握,才是教学的难点,所以教学目标的设定要尽可能地面对和解决教学中的难题。

下面是一篇关于小说的教学目标开发案例,小说是一种综合性较强的文学体裁,因此,在教学中目标设定的内容不太好把握。小说的情节内容、表现手法、语言风格、作品主题都是教学的内容。但就一篇小说而言,如何选取适当的教学内容来确定教学目标,教学目标又如何在课堂教学中分解操作,是值得研究的教学课题。

《喂——出来》教学目标开发案例

马鞍山市第八中学　杨元

【教学目标】

1.积累文中一些重要的字词

预习并掌握文中"哂笑""牟取""铆钉""棘手""众目睽睽""莫衷一是""不容置疑"等重要词语的音、形、义。

2.整体把握课文内容

(1)快速默读课文,用简洁的语言概括本文故事情节。

(2)运用合理的联想和想象,用200字左右的文字续写文章结尾。

3.品析人物形象,理解文章主题

(1)自读课文,划出描写人物的相关语句。

(2)结合故事情节及人物描写的词句概括文中人物的形象特点。

(3)在品析人物形象的基础上,感悟并说说作品主题。

【目标分析】

本课例设计学生续写故事结尾的环节,是因为考虑到几个因素:首先,关注学情的起点在于关注学生阅读的兴趣,备课的起点如果失去了学生的阅读兴趣,那关注学情就无从谈起。这篇小说的故事很有趣,所以我想充分利用情节,激发起学生学习的兴趣。其次,通过续写,既让学生完成情节梳理的教学内容,又能激起学生探究情节的兴趣。最后,情节的续写,最突出的教学价值在于可以通过学生补写的情节,真实探究学生对小说理解的程度和层次。

让学生提出自己最不能理解的问题,是把脉学情最直接的方式。通过这种方式,我们可以把学生的问题作为确立"教学重点和难点"的主要依据。因为教学内容的确定永远是具体的而不是抽象的,面对不同的学情,教学内容的选取自然应该有所不同。一个班级的学生对小说理解和未理解的内容,肯定不会和另一个班级的学生理解和未理解的内容完全一样。这也是为什么众多的语文课不能完全复制的最根本原因。以下是我整理的学情分析:

一、课前学情了解

课前,我在班级中对本文的阅读开展了调查与了解,现整理了学生提出的以下问题。

1.关于"洞"的问题

(1)有这样一个黑洞吗?

(2)"洞"怎么来的? 难道是一个新的黑洞?

(3)为什么"洞"填不满? 为何向"洞"里扔进去的东西又回来了呢?

2.关于题目的问题

为何要以"喂——出来"为题,是什么意思? 有什么深意?

3.关于写法的问题

(1)为什么后面的内容不继续写下去?

(2)任劳任怨的"洞",它平静的背后是不是预示着什么东西呢?

4.关于主题理解的问题

(1)在填"洞"的时候难道就没有一个人阻拦吗?

(2)有人说文中"黑洞"是自然的黑洞,也有人说是人性的黑洞,请选取文中的内容谈谈你的理解。

二、学情综合分析

根据课前的了解学情可以梳理为如下三点：

（1）环保主题已经理解到位。

（2）对于小说传达的人性缺失的主题已有关注，但模糊笼统。

（3）学生知道故事是虚构的，但不知道为何要这样虚构。

在课前阅读调查中，不难发现，大部分学生都谈到了黑洞对人类的惩罚。学生应该是读懂了人类对黑洞（自然）不合理的破坏自然会遭到黑洞的报复和惩罚。但也能看出学生对于这个黑洞的象征意义是缺乏深入思考的。这不仅是自然的黑洞，更是人性的黑洞。从学生的提问中，我们还可以知道，学生对神秘的黑洞到底神秘在哪里以及作者为何要虚构这样一个神秘的黑洞的认识是模糊笼统的。这样的学情分析，使得教学目标的选择与确定更有针对性。

上面的教学目标开发案例视角很新，作者从学情了解的角度思考教学目标的设定问题。通过学情了解，作者掌握到学生对理解文中"黑洞"这一形象时有一定的困难，学生在理解它的一般性意义时容易把握，在理解深层含义时就不容易接受，因此，作者在教学目标设定内容上也做了仔细的推敲，先从文中人物形象研讨开始，在理解人物形象的基础上，再引导学生思考作品主题。这样学生不仅对作品如环保等一般性主题能够把握，对人性的弱点等深层次主题也会容易接受，教学就会水到渠成。

三、教学目标与活动融合的实例解析

按照行为主义目标编写理论，一个教学目标本身要包含相对具体、操作性强并且可供观察的行为动词,如"找出""说说""概括""辨别出"等,这实际上也就意味着行为目标本身已经蕴含了一定的教学活动。其实,"目标引领、活动达成"教学策略本身也强调教学目标和教学活动融为一体、相辅相成的,教学目标当中融合了课堂教学当中主要的教学活动内容,这样教学目标就不会显得空泛,流于形式。当然,课堂教学活动的形式和内容也是非常丰富的,笔者在《语文高效课堂——基于目标·知识·活动的研究》一书中已有专门的论述,这里所探讨的教学活动仅仅是指与教学目标设定相关的学习活动,所以下面列举的教学案例都是教学目标与教学活动相互融合的案例,目的是树立和强化教学目标与活动一致性的观念。

首先来探讨一下,对于同一个学习内容,知识新授课和知识运用课教学目标中活动构建的差异性问题。知识新授课注重知识的初始学习,而知识运用课则偏重于知识应用能力的训练,因此,在教学目标设定上是有明显的区别的。以杨绛先生的《老王》教学为例,教学内容为"学习文中的人物描写的方法",知识新授课融合教学活动的教学目标设定如下:

(1)能准确回顾以前学过的人物描写的有关方法。

(2)找出本文中人物描写的内容,思考并说出其中使用的方法。

(3)讨论并说说本文中人物描写方法对刻画人物形象的作用。

知识运用课融合教学活动的教学目标设定则有所不同:

(1)能准确找出本文所使用的人物描写的方法。

(2)能结合本文人物描写的不同方法,探讨并总结出对刻画人物形象的不同作用。

（3）探讨并交流文中人物描写对表现作者情感和作品主题的作用。

比较以上两种教学目标设计，可以明显看出因为课型的差别，教学目标和教学活动的设置也不同。教学者可以通过这样的比较来思考和揣摩如何根据学情的需要科学合理地设定课堂教学目标、构建课堂教学活动，从而提高课堂教学的效度。同样的方法在文言文教学中也可以运用，以"学习《观潮》中的景物描写"教学内容为例，如果学生对景物描写的相关知识较为生疏，则可以作为知识新授课型处理，那么教学目标就可以做如下设定：

（1）尝试回顾以前学过的景物描写的有关方法。

（2）找出本文中景物描写的内容，并说出其中使用的方法。

（3）议一议、说一说本文景物描写的作用。

如果学生对景物描写的相关知识已经较为熟悉，那么教学课型就可以向知识运用课方面延伸，那么教学目标就可以做如下设定：

（1）找出本文景物描写所使用的方法，并说说景物描写的作用。

（2）思考、讨论并交流本文景物描写对表现作者情感和作品主题的作用。

下面再来探讨一下教学活动对教学目标的制约和影响。以古诗教学为例，古诗学习中背诵是基本要求，因此"背诵并正确掌握字词书写"可以作为一项教学目标，但要完成这项教学目标，需要组织

合适的教学活动,下表5-3中列举了三种不同的教学活动:

表5-3 教学目标与教学活动

教学目标	教学活动
背诵并正确掌握字词书写	当堂背诵
	背诵,课后抄写五遍
	背诵,并自主默写一遍,对照原文,找出错误,将错误订正三遍

　　笔者在平时的教学中就上表中的教学活动分别进行过实验,从实验的结果来看,第三种教学活动的成效是最佳的。第三种教学活动不仅较好地保证了学生背诵与正确书写的教学效果,较好地达成了教学目标,还教会了学生好的学习方法,促使学生养成了良好的学习习惯,培养了学生学习的自主意识。因此,好的教学活动的组织对于有效达成教学目标的影响无疑是很大的。

　　那么,作为"目标引领、活动达成"的教学策略,在课堂教学实践中是一种怎样的状态呢?先来比较一下义务教育课程标准实验教科书人教版七年级上册《风雨》的两个教学片段,如表5-4:

表5-4 《风雨》教学片段

序号	目标引领	活动达成
片段一	概括段意,把握文章内容	师:下面请同学们概括一下第一段的内容。 生1:树林子像一块面团。 师:好的,请坐,再找一位同学。 生2:树林子在风中的状态。 师:很好。其他同学呢? 生3:树林子在风中狂乱的状态。 ……

序号	目标引领	活动达成
片段二	概括段意,并交流段意提炼的方法,把握文章内容	师:下面我来请一位同学概括一下第一段的意思。 生1:树林子像一块面团。 师:好的,请你讲讲你这样概括的理由。 生1:我觉得这一段都在写树林子怎么像一块面团的。 生2(举手,老师示意回答):我觉得作者写树林子像面团的作用是为了突出表现风的猛烈,所以我认为这一段的段意应该是树林子在狂风中倒伏像一块面团。 师:好的,这样概括就让我们明白了这里写树林子的目的是为了表现"风"这个主题,是吧?那为了表现这一主题,作者还写了什么事物?
片段二	概括段意,并交流段意提炼的方法,把握文章内容	生3:还写了落叶。 师:好的,那你再概括一下这段的内容。 生3:写树林子在狂风中柔软得像块面团,以及落叶被狂风卷起像长大的蘑菇。 师:你为什么要加"柔软"这个词? 生3:因为它"鼓了又陷""忽大忽小,忽聚忽散"。 师:好的。从以上同学的回答中,我们明白了,概括一段话的意思,除了要找到一些关键性、概括性的句子以外,更要读懂作者这样写的目的,同时还要找出作者写了几件事物,这样综合理解,才更全面

以上两个教学片段,比较而言,第二个教学片段的教学形态明显优于第一个教学片段。主要体现在以下方面:

(1)从"目标引领"环节中教学目标设定的内容来看,片段一的教学目标将着眼点放在通过"概括段意,把握文章内容"上,教学的落脚点是"概括段意",教学的目的是"把握文章内容";片段二在片段一教学目标的基础上,增加了"交流段意提炼的方法"的内容,从目标设定的角度而言,增加的内容能将学生概括段意的思维可视化,学生的这种可视化的学习思维也是课堂教学非常有价值的资源。

(2)从"活动达成"环节师生对话的过程来看,片段一的对话过程基本符合其教学目标设定的要求,学生在活动中展示交流的都是对文段意思的概括,但在交流展示中也呈现出一定的教学问题,即每个学生概括的段意内容不尽相同,因此教师的教学活动就停留在不断地找学生展示,直至获得最终想要的答案为止。片段二的课堂教学活动的过程没有出现这一情况,学生在展示自己的概括内容之后,教师引导学生说说自己的概括思路,在学生交流自己的概括思路时,其他学生便能从其思维中反思问题,进而完善自己的理解,因此,教学问题便能通过学生自身的反思得到合理的解决,课堂教学也自然呈现良性状态。

综合分析,片段二的教学状态优于片段一最主要的体现是,片段二从教学目标设定的高度构建出了一种更加科学高效的课堂教学活动的形态,这当中至关重要的是教师教学的目标意识较强。首先,教师从目标引领的教学高度对课堂教学过程有充分的预判意识和预判能力,课堂应该是学生学习的学堂,目标设定应该以充分展示学生的学习思维为核心,以充分调动学生的学习能动性为抓手,教学才能体现"以人为本"的教育思想。其次,课堂教学无论是从目标设定层面是活动构建层面,单纯的结果和答案都不是教学的最终目的,学生在学习中的体验和理解、思考和表达才是最有价值的,所以教学目标的设定及教学活动的构建要把关注学生在学习中的体验和理解、思考和表达作为研究的出发点,这样,课堂教学才能不陷入教师满堂问、学生找答案的泥淖。

四、基于教研的课堂目标教学案例分析

课堂教学实践研究是目标教学研究的关键,其中较为有效的、切实可用的是就课堂教学过程开展教学目标和活动实践的研究。笔者以平时所积累的课堂教学听课记录为素材,就教学目标和活动实践主题,开展了以下内容的分析和研究。

案例1:《钱塘湖春行》教学片段

【教学记录】

一、教学导入

教学课件呈现杭州美景图片,背景音乐《平湖秋月》。

二、指导学生准确、流利地朗读(教学目标1)

1.指导学生读准确(简教)

教师补充资料:白居易写诗的典故——通俗易懂。

2.指导学生读流利

(1)课件呈现七言律诗朗读节奏:二二三/四三。

(2)学生交流两种节奏的区别。

生1:第一种节奏更适合唱。

生2:第一种节奏更适合情感的表达。

生3:二二三节奏更舒缓,四三节奏快一点。

三、指导学生读出情感(教学目标2)

教学引导语:一首诗读准确,读出节奏、韵脚,是否读好了呢?还要读出情感,而读出情感,我们就要了解诗歌的内容。

(一)分析诗题

师生研讨后明确:诗题交代了地点、季节和事件。

(二)分析首联、颔联

……

2.改写颔联

将七言改为五言:乱花迷人眼,浅草没马蹄。

生1:没什么区别。

生2:不一样

……

【案例评析】

以上是一节诗歌教学课的部分教学记录,现就其内容从教学目标和教学活动两方面进行评析。

1.教学目标层面

教学目标设定环节存在的问题是教学记录中体现出的主要问题。首先,教学目标仅限于教授知识。教师教学的目的是要向学生传授读诗要"准确、流利"的知识,所以像节奏等知识就成了教学的重点。其次,知识教学掩盖了课堂学习中学生的主体性,"准确、流利"地读,读的主体是学生,没有学生在课堂上精彩纷呈、百花齐放式地诵读,知识也就成了摆设。另外,教学目标设定中也没有活动意识,教学目标"指导学生准确、流利地朗读",主体是教师,本来有活动是"朗读",但缺乏细化的活动设计,最终在教学中活动就消散不见了。

2.教学活动层面

课堂教学活动是教学目标思想的延伸,如果在教学目标中缺乏活动意识,课堂教学活动往往显得杂乱而不到位。因此,从根本上说,反思课堂教学活动的问题就必须反思教学目标设定的问题。

具体到本节课教学中,因为教学目标设定时教师的活动意识不够,从而导致课堂教学活动失去生动性、有效性。比如诗句节奏划分部分,课堂教学活动是教师给出律诗节奏划分的方法,学生交流划分的区别,整个活动过程缺乏有效的诵读,所以教学活动的目的发生了偏离。另外,此项教学活动也没有很好地体现学生的主体性,如果将这个环节的教学活动修改一下,效果可能会更好一些。修改建议如下:

律诗朗读有二二三/四三节奏,请读一读,说说哪种节奏更适合你朗读,并交流体会。

还可以将教学活动修改如下:

（1）朗读诗歌,探讨本诗的停顿节奏。

（2）交流朗读,根据自己的朗读体会说说节奏划分的理由。

第二种活动更能体现学生学习的主体性,学生对诗歌节奏会有更多的认识和体会。

另外,"改写诗歌"教学环节,不能仅停留在字数多少上,品词析句才是教学活动的根本。

案例2:《杨修之死》教学片段

【教学记录】

......

3.从以上故事和曹操的内心反应来说说曹操、杨修的性格特征

（1）学生自主思考、准备。

（2）学生交流展示,老师引导、点拨,重点关注句中细节性的词语。

（3）教师课件呈现知识点。

4.试着说说杨修之死的原因

（1）学生交流。

生1:过在自己。

生2:罪在曹操。

生3:缘于政治斗争。

（2）教师点评，课件呈现知识点。

【案例评析】

在上述教学片段中，课堂教学活动环节还是较能注重体现学生的主体性。两个教学目标的设定中还存在一些值得商榷的地方。如在分析人物的性格特征环节，问题定位不准，"从以上故事和曹操的内心反应来说说曹操、杨修的性格特征"，这个教学问题建议改为"结合故事中人物描写的词句说说曹操、杨修的性格特点，总结人物形象特征"。这样教学目标的落实会更有成效，同样的问题在下面的环节中也存在。"试着说说杨修之死的原因"，问题层次较浅，不能够充分激发学生思维的广度和深度，如改成"试分析杨修之死的原因，说说从杨修之死中可以得出哪些启示？"这样教学目标的层次就得到了提升，有机融合了"情感、态度和价值观"目标课堂教学的实效性也会得到增强。

案例3:《窗》教学片段

【教学记录】

……

3.话情节

师：同学们借助注释与字典朗读课文，边读边留意故事情节展开的主要过程。

课件呈现：想一想，情节发展中有哪些让你觉得出乎意料、不可思议的地方？

（1）学生大声朗读。

（2）师生交流讨论，完成课件上的要求。

4.说悲剧

师：很显然，这篇小说向我们讲述了一场悲剧，你觉得，这是近窗者的悲剧，还是远窗者的悲剧？你认为，导演这场悲剧的幕后黑手是谁？结合文章内容，谈谈你的理解。

学生读课文，思考、交流。

……

【案例评析】

以上教学案例中最有看点的是教师在课堂教学中问题设置的价值，两个教学问题看似简单，却有着对教学目标和教学活动本质的渗透。第一个问题"同学们借助注释与字典朗读课文，边读边留意故事情节展开的主要过程。想一想，情节发展中有哪些让你觉得出乎意料、不可思议的地方？"中有方法指导"借助注释与字典"和"朗读课文"，有活动提示"边读边留意故事情节展开的主要过程"，有活动要求"想一想情节发展中有哪些让你觉得出乎意料、不可思议的地方"，"出乎意料、不可思议"让问题变得有趣，能吸引学生的阅读兴趣，调动了学生阅读的积极性。问题出发点很大，但着眼点很小，学生能很好地把握和处理。第二个问题"很显然，这篇小说向我们讲述了一场悲剧，你觉得，这是近窗者的悲剧，还是远窗者的悲剧？你认为，导演这场悲剧的幕后黑手是谁？结合文章内容，谈谈你的理解"，是个谈话类问题，问题看似很大，却把新课程理念中"过程与方法""情感态度与价值观"思想无形地融入其中，学生能说也会说，文本教学的意义在于人的启思，从这点来讲，这样的教学深得教育的真谛。

案例4:《苏州园林》教学片段

【**教学记录**】

......

二、字词学习

1.字的读音

课件呈现。学生齐读一遍。

2.词语解释

课件呈现:阅历 雷同 斟酌 别具匠心 因地制宜

学生说说意思。教师补充。

......

【**案例评析**】

上述课堂教学记录中字词教学的形态也是目前大部分语文课堂的状态,字词不可不教,但教而无味,似乎是语文课堂教学的怪圈,像上面教学记录中的一样,花六七分钟带学生走马观花一样学习字词,教学的意义和价值都不是太大。

语文课堂字词教学教什么,如果仅仅从内容上来探讨,那么,课程标准和考试纲要上对字词教学的要求是哪些内容呢?我们来梳理一下,在以上两个教学指导性材料中,对初中阶段语文字词学习的要求如下:

(1)借助汉语拼音认读汉字。

(2)对常用汉字,能认清字形,读准字音,掌握基本意义。

(3)规范、熟练地书写常用汉字。

(4)积累并会运用常用词语。

(5)体会和推敲重要词语在语言环境中的意义和作用。

(6)品味文学作品中富于表现力的语言(包括词语)。

(7)知道浅易文言文中常见文言实词和虚词的意思。

因此,字词教学的内容不能仅仅停留在认读层面,要充分学习和领会以上内容,挖掘字词教学的内涵,设定好字词教学的目标内容,这样字词教学才能做到务实有效。

另外,从活动层面来说,字词教学活动也不能只是单纯的教师教和讲。可以尝试从两个层面去思考字词教学活动的构建问题,一是要充分认识到字词是一种积累性很强的学习内容,所以字词学习要充分发挥学生学习的主体性和能动性;二是字词教学活动的形式要尽可能丰富,比如字词分类学习、字词学习的方法指导、体验式理解、设置具体的语境等。

案例5:《皇帝的新装》教学片段

【教学记录】

一、教学目标

探究童话的主题

二、教学过程

……

师:人们为什么没有说真话? 能用一个字回答吗?

生1:惧。

生2:伪。

生3:愚。

生4:假。

生5:怕。

师:"怕"字比较好,大家说说为什么"怕"?

生:……

师:怕皇权,是人性的弱点。童话来自现实。

送大家一句话,愿我们多一双慧眼,敢于正视现实,保持天真烂漫的童心,无私无畏,敢于说真话,如果每一个人都多一份真诚,多一份爱,社会就会多一份美好。

【案例评析】

在观摩这节课的教学时,笔者在思考一个问题,即教师怎样才能把教学本质参透,把教学目标定准,让教学活动高效?

首先,我们来分析一下语文课堂教学本质的问题。从纯教学意义上来讲,语文课堂要教会学生基本知识与培养学生的基本能力,重点是关注学生思维品质的提升。在思维训练的过程中既要关注概括性思维,也要关注发散性思维,允许和鼓励学生多角度、多元化思考一个问题,表达自己独到的、合理的见解。考试纲要中提出"对文章的内容和表达有自己的心得,能提出自己的看法",因此,在课堂教学中,让学生充分地表达自己的心得和看法应该是教学的本质,不应用固定狭隘的答案去束缚学生在文本阅读理解中应有的发散性思维也是教学的本质。

其次,从课堂教学目标来看,"探究童话的主题"显得太宽泛无边,不准确具体,恰恰暴露出没有深刻领会语文课堂教学本质的问题。怎样"探究"才能更好地释放学生的认知潜能?"主题"是什么,作品中的所有人都只是一个字"怕"吗?童话是现实的镜子,有没有"不想说"的社会心理?从现实意义上来看,我们的现实社会中有没有"新装"现象？当然,这样的思考还有很多,并不是教师一个人能穷尽的,也无需穷尽,但课堂教学要留给学生这样思考的空间,要激发学生这样思考的勇气,这才是教学目标设定中要考虑的问题。

案例6:《黔之驴》教学片段

【教学记录】

一、导入

(1)通过熟悉的寓言故事导入。

(2)了解柳宗元,学会利用网络查找学习信息。

教师简要介绍柳宗元。

二、初读课文,读准

(1)教师将文中难读难写的字词在课件上呈现。

由学生注音,师生共同订正。

(2)教师强调多音字。

如:好、载。

(3)强调断句。

(4)听课文范读(视频范读)。

(5)学生参照范读齐读课文。

教师评价,给学生设定三分钟,大声朗读几遍。

要求:最好边结合注释,想想文意。

(6)学生展示朗读。

男生、女生各一人展示朗读,教师点评,读得很好,很有情感,也指出其中读错之处。

三、再读课文,读懂

师:理解文意,最关键的是理解文中重要的字词。

课件呈现文中重要的字词：

船载以入
·

蹄之
·

技止此耳
··

虎因喜　因跳踉
·　　　·

以为神
·

四、精读课文，读透

（1）读出文中描写老虎动作和心理的句子。

……

【案例评析】

　　之所以选择一篇文言文课堂教学记录材料来进行分析，一是因为文言文内容在初中课堂中普遍被认为不好上，文言文要过"言"的难关，也要过"文"的难关，特别是"言"的难关比较难过，文言词语的意义变化丰富，学习起来比较困难，文言词语理解不到位，句意疏通不到位，文意就难以把握，主题领悟就难以到位。二是因为以上课堂记录具有一定的代表性，大多数文言文课堂教学都是这样的模式。这种教学态式的大致程序就是先开展字词学习，字词学习的形式也都是教师利用课件呈现字词，正音，读读，再读一读课文；然后是词语的意义，也是课件呈现几个词语，教师带学生讲解记忆一遍；最后是分析文章，领会主题。

　　其实就课堂教学内容而言，教学都是相近的，但经典课堂的经典在知识教学的处理方式上，黄厚江老师有一句话"重要的知识要分层开展，重要的活动要分步实施"，正是点出了经典课堂的精妙之处。即便是枯燥乏味的文言文字词教学，也要树立分类教学、分步实施的思想，可以根据字词的音、义变化归类整理，可以根据音、形交互练习的方式深化记忆,知识归类化学习、活动化学习可以更好地促进记忆。

另外,文言文教学也要注意因学设教思想的运用。文中内容哪些是学生已会的,哪些是学生自学能会的,哪些是需要教师讲解才能会的。学生已会的怎么教,自学能会的怎么处理,需要教师帮助才能学会的怎么帮助,这些是因学设教需要思考的问题。这方面,最经典的案例是魏书生老师在上《元曲二首》时的课例:

魏书生老师到中国台湾去讲学,曾上过《元曲二首》。师生见面后,魏老师问:"大伙儿知不知道我从哪儿来的?"

"不知道。"学生回答。

"我是从大陆来的,咱们祖国大陆的教材啊,和你们这儿的教材不一样,但是也有一样的地方,大伙儿能不能猜着?"

学生猜来猜去。

……

"那同学们,今天老师要带大伙儿学习哪一篇课文呢?"魏老师问,"目录里有19篇课文,如果要猜一猜,并且每次都猜错的话,最多几次就可以猜对呀?"

有学生说:"18次!"

老师说:"对呀! 大家太聪明啦! 但今天我们不猜了,我看了一下,这19篇课文,只有《元曲二首》跟我们大陆的课文一样,我们来学这一课,好不好?"

"好!"学生们齐声回答。

魏老师:"你们学一篇古文、古诗词,一般都要做哪些事情啊?"

"介绍作者,学习生字,理解词语,学会翻译,会背诵、默写等。"学生你一言我一语地说起来。

说罢，魏老师请同学把这些要做的事一样一样地写在黑板上。"谁来介绍作者啊?"魏老师大声说。

有学生说:"老师,不用介绍,书下注解有!"

"哦! 那你来读一读。"

学生读后,魏老师问:"学习生字还用老师吗?"

学生:"不用,书上有。"

"大伙儿看一看,只给大家五十秒的时间,那些生字一点儿也不多,预备,开始。"没到五十秒,有人举手了,魏老师说"停",找同学上来写,学生会写了。

魏老师:"词语呢?"

"不用,注释上有。"

"还用我范读吗?"

"不用。"

一会儿,学生背会了。

有个学生说:"老师,您给我们翻译翻译吧。"

这时魏老师说:"我这个人,有个特点,看谁能猜着?"

一个学生说:"老师,我知道,您'懒'。"

"你怎么知道?"

"您,上课到现在,什么事也没干。"

另一个学生接着说:"老师您看,我们叫您讲,您不给讲,还说您有一个字的特点,不想讲不就是'懒'吗?"

"可以自己做的事,为什么要靠老师啊?"魏老师说道,"大家试着翻译翻译,用已知推未知,也可查资料,实在不行,大家商量商量吧。"于是,大家忙得不亦乐乎。不一会,问题得到逐一解决,剩下两三个难点,魏老师再一一指点。

(中间删去背诵教学片段。)

快下课了,魏老师说:"大家来说说上这节课的感觉?"

"老师,上这节课很轻松。"一个学生说。

"这算优点!好话就不说了,给我说说缺点。"

同学们齐声回答:"老师最'懒',您是'懒'老师。"

魏老师又问:"'懒'老师好不好?"

同学们虽异口同声,但声音却小了许多:"好。"

"'懒'老师怎么还好呢?"

同学们七嘴八舌地说:"'懒'老师虽然'懒',但我们都动起来了,都学会了。"……最后学生彻悟:"您'懒',才能促成我们'勤'哪!"

案例7:《春酒》教学片段

【教学记录】

……

二、整体感知,为"春酒"取名

思考:能否取一个合适的酒名来体现作者寄寓在春酒中的丰富美好的情感?

生1:思乡的春酒。

生2:浓浓的春酒。

生3:甘醇的春酒。

……

【案例评析】

上述教学记录基本上反映了课堂教学的一种常态,这种常态的问题是教师在课堂上提出的教学问题定位不精准,学生在思维困惑中苦寻答案。

教师在课堂上提出的教学问题"能否取一个合适的酒名来体现作者寄寓在春酒中的丰富美好的情感",问题的出发点可能是教师想让学生用一个短语来表达文中作者情感的美好,问题的核心是表达出这种"美好",这一点从学生的回答中可以得到印证。但我们仔细推敲教师的提问,会发现其中的模糊与困惑:

(1)取一个合适的酒名,什么样的形式叫酒名?学生难道不会陷入问题的泥淖?

(2)这样的酒名是体现美好呢,还是表达情感呢?也许部分同学会简单地想问题,但不排除有部分同学会复杂地纠缠于问题,这样的课堂教学可能让学生陷入问题的纠结中。

另外,以上的教学环节停留在"问一答"式的教学状态中,教师提问,学生回答,要么对,要么错,至于为什么对和错,学生是如何进行思考的,无从知晓。教学理论中有一种观点,即教学最大的价值是让学生的思维可视化。那么如何做到让学生的思维可视化呢?其实也很简单,就是教师在教学问题构思中要设置出展示学生思维的问题情境。比如在上述的教学问题中,学生回答完成以后,教师要进行问题追问"为什么你用'思乡的春酒'来概括,请从文中找出你读到的相关文字作为依据"。通过这样的思维展示,我们既能直观地感受到学生的思维状态,也能够引导学生深入理解文本内容,从而回归语文课堂学习的本质。

当然,这样的教学思维必须要在课堂教学目标中构思和设定,从教学目标的宏观高度建构起来的课堂教学形态,才不至于让教师在课堂教学中顾此失彼,这也是目标教学研究的意义和价值。

综合上面的分析,可以将课堂教学问题调整如下:

(1)这是_____的春酒,请在横线上填一个词,表达你在阅读中的体会和感受。

（2）你的体会和感受是从文中哪句话或哪些内容读出的，请找出来并朗读交流。

案例8：《老王》教学片段

【教学记录】

......

二、整体感知

（1）活动一，筛选信息，完成表格。

老王档案

姓名		性别		年龄		民族	
职业		住址		身体状况		婚姻状况	
主要社会关系							

（2）活动二，根据表格，用"我觉得老王是一个____的人"初步评价老王。

......

【案例评析】

首先，从教学构思上来分析一下，其实这个教学环节的设计还是很好的。老王是文中的主要人物，文中有很多描写老王的内容，但这些内容的梳理需要一个很好的方式作为抓手。在课堂上，教师巧妙设计了一个表格，表格中的元素既是一个问题，也是一个思维上的引导，引导学生去思考，思考老王的生活状态，因此不能简单化地看这个表格,利用好这个表格开展教学,课堂将会呈现出一个很好的状态。同时,学习完这个表格的内容,也将为下一步评价老王奠定基础。

但在课堂教学中也要注意几个方面的问题,分析出来会对教学起到一个很好的参考作用。

(1)在处理表格中的元素时,切忌为完成任务而教学,将课堂教学变成简单的问答。而是要将表格中的元素变成点燃学生阅读兴趣的火种,让学生在这些元素的引领下,联系文本内容,读读文中描写的内容,思考描写的方法,让学生培养文学欣赏能力并形成语感才是教学的本质和根本。否则,课堂就又回到"满堂问、满堂找"的单纯完成任务的无意义状态。

(2)在品读内容的教学中,也要注意情感、态度和价值观的引导。在课堂上,有一些同学在阅读描写老王的内容时,觉得这个人物很可笑,时时有一些笑声,很多同学在回答问题时直接讲老王"死了",语言上毫无怜悯的情感,这反映出学生在学习本文时情感、态度和价值观出现了一些偏差,这一情况在教学中还是要注意处理和引导。生活在现代社会的孩子,无法感受作品中那个时代的生活环境,无法直接理解那份情感,所以,时代背景和人物情感也是要适时补位的,要知道,"立德树人"是教育的最高价值所在。

案例9:《我的叔叔于勒》教学片段

【教学记录】

......

三、通读课文,能概述文章主要故事情节

师:(提问一位同学)告诉大家本文主要讲了什么事?

生1：……（略。讲述稍多，不太到位。）

师：主要是讲述菲力普夫妇对于勒态度的变化。

生2：盼于勒——赞于勒——遇于勒——躲于勒。

……

【案例评析】

上述教学记录中的课堂教学目标是"能概述文章主要故事情节"，教学活动也是围绕这个教学目标构建的，教师主要是通过提问的方式让学生讲述"本文主要讲了什么事"，第一位同学没有找到回答的思路，只是笼统地复述课文，而且内容很多，讲述不到位。教师接着又给出了提示"主要是讲述菲力普夫妇对于勒态度的变化"，所以第二位同学就回答出了教师教学准备中想要的答案，当然也不排除这位同学在课堂上参阅了一些资料。

从整个教学来看，课堂上的教学目标是没有什么大的问题的，教学方向和教学定位都是很明确的。但这样的教学目标在具体的课堂教学活动中还需要思考如何更好地落实的问题，也就是教学技术层面的问题。在教学中有一种理论，就是给学生的学习搭建支架。像上面的教学，如果教师不带领学生兜圈子，直接给学生一个学习支架，然后将主要精力放到以"菲力普夫妇对于勒态度的变化"来感受文章内容上，教学过程会更加高效。具体课堂教学活动调整如下：

（1）按照课件示例的要求，完成对文章故事情节的梳理和概括。

课件示例：盼于勒—— ____ —— ____ —— ____ —— ____

（2）以示例中概括的内容为引领，找出相应片段中能体现菲力普夫妇心理或情感变化的语句，并朗读交流。

112

第六章　基于目标策略的教学设计及评述

目标教学研究涵盖目标教学理论、目标教学策略、目标问题分析、教学目标开发、基于目标教学策略的课堂教学设计及课堂目标教学案例等研究内容,其中,基于目标教学策略的课堂教学设计是一个重要的研究领域。语文课堂教学设计是课堂教学的内容和方案,是构建课堂教学生态的程序和规划,开发基于目标教学策略的语文课堂教学设计,对于落实目标教学思想,提高教师目标教学研究的实践水平意义重大。本章的主要内容是结合完整的目标教学设计案例,辅以针对性的评述,强化目标教学思想在课堂教学中的应用。

目标教学设计的撰写要注重规范性,要体现出目标研究的思维和意识;同时要注重设计上的完整性。本章提供的设计案例的内容包含"教材分析""学情分析""教学目标""教学方法""教学课时""教学过程"等,力求让读者在参考时有整体性把握。"评述"内容安排在教学设计环节当中,这样既方便阅读,也便于与教学设计内容比照阅读。

《苏州园林》目标教学设计及评述

（设计：汤胜 马鞍山市第八中学 评述：汤胜）

【教材分析】

《苏州园林》这篇文章是人教版初中语文八年级上册第三单元的第三篇文章,这个单元的教学要点之一是领略建筑园林、名胜古迹,激发学生对祖国文化的自豪感,这也是本单元内在的教学目标之一,是体现语文学科课程目标中情感、态度与价值观的地方,因此,在单元教学伊始或单元教学总结中有必要提醒学生注意;在课堂教学过程中,教师应注重引导学生深入感受具体的语言,从文本具体的言语内容和言语形式中感受美是体现这一教学目标较好的方式。另外,单元要点中还阐述了具体的教学方法,即"注意课文怎样抓住特征介绍事物""理清说明顺序""了解常用的说明方法""体会说明文准确、周密的语言"等,将这些内容进行分析综合,包括以下几个方面:一是明确说明对象及特征,进而理清文章的说明思路。这一教学目标在前面两篇文章《中国石拱桥》及《桥之美》中也开展过教学,但不同文章、不同作者的写作思路不尽相同,因此在教学中有必要引导学生随篇学习。二是说出本文的说明方法,并能说出相应的说明方法的作用。这一教学目标也属于知识运用型教学,即前面学过的知识,在此巩固、训练,但在教学中还需要引导学生对具体的说明方法的概念和内涵加深理解,如《中国石拱桥》中有"摹状貌",在本文中学生易产生误用。另外,本文中有大量运用"作比较"的说明方法,对于这种说明方法的作用,教师应重点引导学生体会与感受。三是体会说明文语言准确、周密的特点,这也是在前面教学基础上的巩固性学习。

【学情分析】

这一篇文章的学习,结合学生的学习实际,在教学定位中应该是在前面学习过的说明文文体知识基础上的运用型教学。学生具备一定的文体知识,但不一定能准确理解文体知识的内涵,运用中可能会出现一些问题,如在分析说明方法的作用时,要联系文中具体的说明事物的特征。学生不一定很快地具备这一能力,因此要进行教学强化。

【教学目标】

一、明确本文的说明对象及特征,理清文章的思路

(1)事物性说明文的说明对象一般体现在标题、文首中,学生能根据这一知识点找到并说出说明对象。

(2)整体阅读文章,能结合文中关键句,说出说明对象的特征。

(3)能结合文中关键句及段落中心句,整合并说出文章的思路。

二、把握并理解本文的说明方法

(1)能以《中国石拱桥》为例,回顾并说出说明文中一些常用的说明方法。

(2)能结合本单元已学内容,回顾出相应说明方法的作用,进一步巩固说明方法与相应的说明事理之间的关系。

(3)自主阅读本文,找出本文运用的说明方法,并说一说其在文中的作用。

三、理解说明文语言准确、周密的特点

(1)教师通过示例引导学生记忆说明文语言特点的知识要点。

(2)根据已学内容,能指出说明文中体现准确、严密特点的相关语句,并说出自己的理解。

(3)能指出本文中体现准确、严密特点的相关语句,并说出自己的理解。

评述：课堂教学目标要落实课程标准的目标要求，同时又要有相应的操作性，因此，教学目标的确定要具体、检测达成度要高。教学目标还要注重课堂教学在目标引领下的顶层设计功能，要以教学目标建构高效的课堂教学形态。本案例的教学目标设计较好地体现了以上要求，将教学目标分为两层设计，第一层是指向课程标准的目标要求，第二层是指向课堂教学目标落实的活动性目标要求，目标翔实具体，操作性强，达成的可能性高。

【教学方法】

指导学生开展自主性阅读，对话教学。

【教学课时】

一课时。

【教学过程】

一、学习导入

从本单元前面已学的说明文文体知识回顾中导入本节课的学习。

二、完成教学目标一

教学目标一，明确本文的说明对象及特征，理清文章的思路。

教学环节一，事物性说明文的说明对象一般体现在标题、文首，学生能根据这一知识点找到并说出说明对象。

教师作教学知识的概括与提示，学生学习并运用知识，说出本文的说明对象。

教学环节二,整体阅读文章,能结合文中关键句,说出说明对象的特征。

教师根据课堂教学需要处理关键句与说明对象特征之间的关系,强化这两者之间的学习关联。

学生根据教师的点拨与指导,找出文中体现说明对象特征的语句,并理解这类语句即为关键句的内涵,同时在记忆中加深对两者之间的对应关系的认识。

教学环节三,能结合文中的关键句及段落中心句,整合并说出文章的思路。

本文写作结构上的特色是以体现说明对象特征的关键句为引导,搭建起全文写作的框架,这就是文章的写作思路。教师在教学时要注意点拨与引导。

三、完成教学目标二

教学目标二,把握并理解本文的说明方法。

教学环节一,能以《中国石拱桥》为例,回顾并说出说明文常用的一些说明方法。

回顾整理前一篇说明文学习的知识,体现知识学习的连贯性,并强化记忆。回顾的方式有很多种,可以是学生先在纸上写出来,这样就照顾了全员学习,再个别交流。

教学环节二,能结合本单元已学内容,回顾相应说明方法的作用,进一步巩固说明方法与相应的说明事理之间的关系。

对说明方法的作用的理解是教学难点,也是重点。教师可以上一篇说明文中具体的示例来引导学生回顾自己的理解与学习。

教师指导学生归纳并理解说明方法的作用的相关知识。

教学环节三,自主阅读本文,找出本文中运用的说明方法,并说一说其在文中的作用。

学生在上一环节学习的基础上结合本文语句来说一说自己的理解。

四、完成教学目标三

教学目标三,理解说明文语言准确、周密的特点。

教学环节一,课件呈现知识要点:说明文语言的准确、周密表现在对说明对象进行精确的修饰、限制、补充,甚至以模糊词语来达到准确说明的目的上。

教师引导学生学习、记忆。

教学环节二,教师引导学生根据已学内容,指出说明文中体现准确、周密特点的相关语句。

可以以《中国石拱桥》中的相关语句为例。

教学环节三,教师引导学生开展自主性阅读,指出本文中体现准确、周密特点的相关语句。

教学环节四,课件呈现关于说明文语言的准确、严密特点的知识要点:

(1)解释词语本身的含义。

(2)说明这个词语在具体语境中对说明事物特点所起到的作用。

(3)说明去掉、替换该词语后对句义的影响及带来的不好效果(不符合实际、不准确、太绝对等)。

(4)从以上方面说明该词语体现了说明文语言的准确性、周密性、科学性。

教学环节五,学生列举文中的词语,结合以上知识要点,尝试理解。

评述:以上课堂教学过程以教学目标为引领,通过教学目标中的教学活动建构起课堂教学流程,教学目标性强,活动效度高。但在具体的课堂教学中,还要注意不能过于僵化、程式化,要根据课堂教学过程中学生的学习状况适时调整教学行为和活动,要加强对学生活动情绪的调动,发挥学生的学习主体性作用,将每个学习环节、步骤和活动开展到实处,学生学习的成效是课堂教学的根本,学生学习的精彩才是课堂教学的精彩。

五、作业布置

回忆并整理本节课的学习笔记,进一步理解并开展课外自主训练。

《周亚夫军细柳》目标教学设计及评述

(设计:孔艳平 马鞍山市第十二中学 评述:汤胜)

【教材分析】

《史记》被誉为"史家之绝唱,无韵之离骚",是我国古代史学和文学的双重经典,同时又被推为浅近文言文的典范。人教版初中语文八年级上册第六单元初次节选了《史记·绛侯周勃世家》中的一个片段《周亚夫军细柳》,是一篇自读课文。

本单元有四篇古文,五首诗词,都是厚重的中华优秀文化的代表,因此,本单元的教学目标非常明确:阅读不同体裁的古代诗文名篇,从不同角度感受古人的智慧和胸襟,提升自己的精神品格;熟悉阅读古诗文的方法,反复诵读品味,提高阅读古诗文的能力;积累常见文言词语和名言警句。首先,从语言训练的角度来说,学习这个单元要继续培养学生利用注释和工具书自主阅读文言文的能力。借助注释和工具书大致读懂文言文,一般来说,是学生在"预习"时就应完成的任务,教师在课堂上点拨个别难点即可,这样有助于保证课堂效率。其次,要继续练习诵读。对《〈孟子〉二章》的诵读,要注意读出论辩的气势;对《愚公移山》的诵读,应把握人物的对话,体会人物的语气,进而理解人物的性格。本文的诵读,要理解人物形象,注意文章在写法上的主要特征。这篇自读课文,教材也给出了一些供学生自主学习的抓手,"阅读提示"的引导,"思考探究"的提示,学生可以尝试自主地完成学习任务。

【学情分析】

统编教材非常重视学生自学能力的培养,文言文也不例外。八年级学生学习文言文,基本还停留在逐字落实、逐句翻译、背注释背译文的阶段,"借助注释和工具书大致读懂文意"是学习的基本要求。学生目前的积累还很有限,对语言现象尚不熟悉,在文言文教学中不能过多地讲解语法规则,应尝试通过文言文诵读的方法,培养学生学习文言文的语感。另外,要掌握文言词汇积累的方法,养成积累的习惯。

【教学目标】

(1)了解并记住司马迁及其《史记》的有关文学常识;朗读课文,大致了解并说说课文大意。

(2)熟读课文,借助课文注释和工具书理解并积累文言词语,疏通文章句意。

(3)理解文章内容,总结文中人物的形象特征,感受古人的治军智慧及时代意义。

【教学重难点】

(1)熟读课文,借助课文注释和工具书理解并积累文言词汇,疏通文章句意。

（2）理解文章内容,总结文中人物的形象特征,感受古人的治军智慧及时代意义。

　　评述:教学目标注重对作品文学常识的识记、对重要文言词语的积累,注重文言文朗读教学、文意理解教学,注重对文中重要人物形象、作品主题及时代意义的理解,内容涵盖面广,能力点不少。从目标设定要求上来说,目标活动性较强,能运用教学达成度高、课堂教学观察性强的行为动词来表述,如"了解并记住""说说""朗读""总结"等。但同时也要进一步思考,相关教学目标需要更加细致有效的课堂教学活动来支撑,如"疏通文章句意""总结文中人物的形象特征,感受古人的治军智慧及时代意义"等,在教学过程中必须有新颖高效的教学活动来辅助学习,目标任务才能真正达成。

【教学方法】

朗读,研讨及点拨教学。

【教学课时】

一课时。

【教学过程】

一、教学导入,识记常识(完成目标(1)的前一项)

（1）学生根据文下注释及课外查阅介绍作者司马迁和《史记》的知识,并当堂掌握。

（2）教师补充有关作家、作品文学常识中的识记重点,并点评学习效果。

评述：本环节教学中要注重对"当堂掌握"的教学要求的落实，一是在成效上体现"当堂掌握"的相关知识，二是在教学的全员性上，要求做到学生基本上都掌握，所以要思考教学中的活动安排。

二、初读课文，了解文意（完成目标（1）的后一项）

教学设想：设计一项活动，学生借此积极主动地交流本文的大致内容。

活动建议：将文章分成几个片段，每个片段用简洁的话概括，连起来就了解了大致内容。

活动目的：通过大致了解内容提高学生对学习文言文的信心和兴趣，通过给学生搭建支架的方式让学生增加学习经验。

活动要求：不要求逐字逐句翻译，只要大致谈谈意思即可。仿照示例填写如表6-1。

表6-1　文章片段及片段大致内容

文章片段	片段大致内容
文帝之后六年，匈奴大入边	
乃以宗正刘礼为将军，军霸上；祝兹侯徐厉为将军，军棘门；以河内守亚夫为将军，军细柳，以备胡	示例：刘礼为霸上将军，徐厉为棘门将军，周亚夫为细柳将军
上自劳军。至霸上及棘门军，直驰入，将以下骑送迎	
已而之细柳军，军士吏被甲，锐兵刃，彀弓弩，持满	
天子先驱至，不得入。先驱曰："天子且至！"军门都尉曰："将军令曰：'军中闻将军令，不闻天子之诏。'"	示例：天子引导的人没能进入军营。
居无何，上至，又不得入。于是上乃使使持节诏将军："吾欲入劳军。"亚夫乃传言开壁门。壁门士吏谓从属车骑曰："将军约，军中不得驱驰。"于是天子乃按辔徐行	

文章片段	片段大致内容
至营,将军亚夫持兵揖曰:"介胄之士不拜,请以军礼见。"天子为动,改容式车。使人称谢:"皇帝敬劳将军。"成礼而去	示例:周亚夫以军礼迎接
既出军门,群臣皆惊。文帝曰:"嗟乎,此真将军矣!曩者霸上、棘门军,若儿戏耳,其将固可袭而虏也。至于亚夫,可得而犯邪!"称善者久之	

评述:这一教学环节设计新颖,教师以表格的形式巧妙地为学生的课堂学习搭建了支架。"了解文意"是课堂上很多教师都会涉及的教学内容,但怎样把这一教学内容落到实处,不是每一位教师都能做到的,这需要教师有很强的学生主体观、学习成效观和活动建构能力。"了解文意"这一目标,让学生简单地谈谈,也是一种学习,但教学缺乏必要的引导示范,学生无法获知自己应该到达的学习位置。上述设计,则较好地处理了这一问题。

三、熟读课文,疏通词句(完成目标(2))

此处的教学活动分三个步骤:

第一步,先留时间安排学生自主朗读并结合注释理解词义、句意,教师随机到学生当中去了解学习进度及学习状况。

第二步,设计一个表格,将文章中的重点字词做筛选,在表格中将一些文言词汇按用法及意义进行大致分类,引导学生进行深度学习和记忆。设计表格时不需注明分类,先让学生相互交流并填写,最后,教师在点评时再总结出分类,增强教学层次性,加深学生的记忆,见表6-2。

表6-2　重点字词筛选

序号	词语	意义或用法	教学意图
1	已而之细柳军	不久	要注意记忆并积累文言文中表示时间的副词
2	居无何	不久	
3	曩者霸上	先前	
4	军霸上	用作动词,驻军	要注意掌握文言文中一些词性会变化的词和一些特殊的动词
5	上使使持节诏	用作动词,派、让	
6	介胄之士不拜	用作动词,披甲戴盔	
7	已而之细柳军	用作动词,到	
8	锐兵刃,彀弓弩,持满	用作动词,刀出鞘	
9	军士吏被甲	通"披",穿着	要注意掌握文言文中的通假字的用法及意义,并注意读音的变化,如"有朋自远方来,不亦乐乎"中的"说"的读音
10	改容式车	通"轼",车前横木,这里用作动词,扶轼	

第三步,本文选自《史记》,《史记》在写人记事时语言极其精练,其中文言文省略句的用法很多,本文这一特点很突出。文言文的省略句在翻译时要根据理解,添加上省略的内容,这样句子的意思才能表达清楚。教师梳理出一些较有代表性的省略句,先让学生翻译,教师再点评,点评时引导学生记住这些句子翻译的要求和方法。

课件呈现句子:

(1)乃以宗正刘礼为将军,军霸上。

(2)已而之细柳军。

(3)居无何,上至,又不得入。

(4)至营,将军亚夫持兵揖曰。

(5)天子为动。

教师总结要注意引导学生在翻译省略句时,依据上下文理解省略的内容,并在翻译时补充省略的内容,使句意保持完整。

评述：上述环节，教师以知识分类学习的思维安排自己的教学内容和形式。知识学习的本质是内化的过程，帮助完成内化的途径有很多，其中把知识归类是较好的方式之一。归类能强化学习刺激，能有效增强记忆效果，避免学生零散地接触知识而降低成效。

四、细读语句，感受形象（完成目标(3)）

读史使人明智，古人治学、治家、治国、治军的智慧都在古代流传下来的文章典籍当中。那么，我们从这篇文章中可以读出哪些智慧呢，这要从本文的人物形象谈起。

本环节可以通过找句子、谈体会的方式开展教学，教师先出示一个范例：

示例：上自劳军。至霸上及棘门军，直驰入，将以下骑送迎。已而之细柳军，军士吏被甲，锐兵刃，彀弓弩，持满。

点评：通过对比，写出细柳军的军容严整，战斗力强，反映出周亚夫的治军有力有方。间接写出周亚夫的治军才能与智慧。

教师引导学生找句子，谈体会。

如句子：

(1)天子先驱至，不得入。先驱曰："天子且至！"军门都尉曰："将军令曰：'军中闻将军令，不闻天子之诏。'"——军纪严明，号令有力，写出周亚夫超强的治军才能与智慧。

(2)居无何，上至，又不得入。于是上乃使使持节诏将军："吾欲入劳军。"亚夫乃传言开壁门。壁门士吏谓从属车骑曰："将军约，军中不得驱驰。"于是天子乃按辔徐行。——军纪严明，备战意识强，写出周亚夫强烈的备战意识与治军智慧。

（3）至营，将军亚夫持兵揖曰："介胄之士不拜，请以军礼见。"——写出周亚夫军队的威严威武，反映出周亚夫治军有方。

（4）天子为动，改容式车。使人称谢："皇帝敬劳将军。"成礼而去。——写出天子对周亚夫治军有方的赞赏，间接写出周亚夫治军的才能。

（5）既出军门，群臣皆惊。文帝曰："嗟乎，此真将军矣！曩者霸上、棘门军，若儿戏耳，其将固可袭而虏也。至于亚夫，可得而犯邪！"称善者久之。——通过天子的赞赏，反映出天子的智慧，也间接写出周亚夫超强的治军才能与智慧。

教学建议：（1）此环节教学，要注重朗读，体现文言文教学读的思想；（2）教学完成以后，教师要引导学生对周亚夫的形象和天子的形象有一个基本的总结。（3）最后，全文朗读一下，加深印象。

评述：本环节的教学设计鲜明地体现出教师在课堂教学中搭建支架的意识。教师通过示例为学生搭建学习方法和学习结果之间的支架，让学生在学习前容易找到学习定位。同时，教学建议中安排学生"注重朗读"的要求也体现出文言文教学以读为重、培养语感的教学思维。

五、作业布置

（1）课后复习巩固课堂中学习的字词。

（2）找出文中其他的省略句，并翻译。

《观潮》目标教学设计及评述

(设计:毛婷　马鞍山市第八中学　评述:汤胜)

【教材分析】

《观潮》是人教版初中语文八年级上册第六单元的一篇文言文。本单元的教学目标,在单元提示中已明确指出:"学生要能借助注释和工具书,整体感知内容大意。在反复诵读中,进入文中情景交融的境界,并对作品的语言特色有所体会。"

《观潮》这篇文章全文的着眼点在"潮"上,立足点在"观"上,用镜头摄像的笔法分别写出潮来之状、演兵之形、弄潮之势、观潮之盛。这篇文章通过正面与侧面描写相结合,白描与细描相结合,写景与记事相结合,较好地写出了钱塘江大潮的奇伟壮丽,又展现了南宋都城的风景画、风俗画,表现出了人的勇敢,同时也流露出作者在南宋王朝灭亡之后对过去生活的留恋之情。

这篇文章的文言词语非常丰富,甚至有些词语较为生僻,对八年级的学生来说,理解上有困难,如何扫清字词障碍并积累文言词语是本篇文言文教学的重点之一。

以读为本,熟读成诵,是中国传统语文教学的宝贵经验。钱塘江的江潮一直蔚为壮观地活在作者心中,所以他笔下的字字句句都洋溢着一种情感,笔下的景象无不撼动着作者之心、观者之心。文字本身以及他的课文内容是很美的。可这种美对于知识和阅历都还欠缺的八年级学生来说还是有一定距离的。要将他们引进这美的殿堂,如何来引导学生呢? 于是,我将文字的世界过渡到声音的世界,朗读就是"桥梁",让学生在音乐般的直观享受中感受到它的美,并在感受美的同时,感知课文内容。

所以,"有感情地诵读课文,概括课文的写作内容,明确文中的写景方法"是我教学时的重点之二。

新课标要求阅读作品时要"初步领悟古诗文的内涵,了解作家的感情,并从中获得有益的启示"。在此引领下,我补充介绍本文的写作背景及作者的生平经历,帮助学生更深层次地感受作者的情怀,更深入地理解作品背后的深沉意蕴。这也是本文的难点。

【学情分析】

加强八年级的学生对文言文字词句的理解训练,养成初步感知古代汉语的习惯,了解古今语言表达和文化背景的差异,努力做到古为今用;另外,要重视对学生人文素养的培养,从古人身上得到启发,从古代文化中吸取精髓,认真鉴别,去粗存精,兼收并蓄。

【教学目标】

(1)学习重要的文言词语,养成积累词语的习惯。
(2)结合文中写景的方法,概括课文的写作内容。
(3)知人论世,感悟课文蕴含的作者情怀。

【教学重点】

(1)学习重要的文言词语,养成积累词语的习惯。
(2)结合文中写景的方法,概括课文的写作内容。

【教学难点】

知人论世,感悟课文蕴含的作者情怀。

评述:上述教学目标,内容涵盖对文言词语的学习与积累、对文章写景手法的分析及对作品主题情怀的感悟。其中,将前两个作为教学重点,注重基础知识的学习,将第三个目标作为难点,注重学生学习能力的提升。从总体上说,教学目标内容全面,方向明确,重点突出,表述精练。但这样的教学目标,因为简洁精练,所以教学活动的特征体现不明显,无法单纯地从目标中感受到课堂教学活动的痕迹,因此,教学目标还需要和课堂教学活动一起来对应观照,才能很好地体察教学的效度。

【教学方法】

朗读教学,点拨和对话交流。

【教学课时】

一课时。

【教学过程】

一、课前准备,导入新课

(1)课前播放钱塘江江潮的视频,营造学习氛围。

(2)齐读潘阆《酒泉子》,初步感知浙江之潮的盛况。

此环节的目的:通过"课前准备"环节的学习,学生在对浙江之潮有了初步感知的基础上,教师导入教学。

评述:浙江之潮可能是大部分学生没有真正见过的盛景,因此,教师课前播放视频可能是一种比较合适的营造情境的方式。值得注意的是潘阆《酒泉子》的教学处理,尽量不要让学生拘泥于词的内容理解,只需要词画结合让学生形象地感受江潮盛况就可以了。

二、积累词句,诵读课文

(1)了解学生字词掌握的情况,指导学生在学习时正确书写字词。

请学生在黑板上书写课文中的生字词,如"倏尔""艨艟""僦赁""鲸波万仞""珠翠罗绮"等。

此环节的目的:指导学生正确书写字词,培养积累字词的习惯。

评述:文言文字词教学一般采用以教师讲解为主的方式,但在本节课教学设计中,教师采用了一种更为传统的教学方式,请同学在黑板上书写,这对于强化字词书写意识会有更好的引导作用。当然,在教学中还要让坐在下面的同学也在纸上书写,字词书写一遍所获得的学习刺激肯定会强于听讲。

(2)了解学生词语掌握的情况:指导学生朗读课文中重要的词语(注意其中的形、音、义)。

①既望　既而　倏尔

②乘骑　塞途　出没

③教阅　艨艟　倍穹　僦赁

④鲸波万仞　珠翠罗绮　际天而来　声如雷霆　震撼激射

⑤吞天沃日　如履平地　一舸无迹　披发文身　溯迎而上

此环节的目的:将本课中的重要词语大致分为时间性词、多音字词、易读错词和四字易写错词,培养学生在语文学习时对重要词语有意识积累的习惯。

评述:将词语学习分类处理,强化学生的学习记忆,不但是从学习成效上提高教学品质,也是对学生学习方法的一种指导,这种文言文教学的方法和意识非常值得借鉴。文言文教学不能仅仅停留在文言知识的传授层面,还要适时适当地进行学习方法的渗透指导。

(3)了解学生朗读课文的情况:指导学生根据课文内容正确断句、读准节奏。

此环节的目的:在疏通句意的基础上,指导学生正确断句。

三、了解内容,读出情感

(1)范读课文,学生感知课文内容。

要求学生在听读中,感知课文每一个片段描写的内容。

(2)引导学生总结概括课文的描写内容。

结合文中四个片段的写景特点及片段中相关的提示性词语,引导学生总结、概括和感知相关内容。

如第一段中"伟观"一词的概括性作用,以及"浙江之潮"的写景方法,扣住"浙江之潮"的"远""近"及"视""听"进行赏析。第二段中,结合课文京尹教阅水军的场景描写,引导学生尝试概括场景特点,并感知本段写景的方法,找出动静相衬及表示时间的词语。第三段中,体会"吴儿善泅"描写中的英姿,并简要分析写景的角度。二、三两段写景各有偏重,第二段是水军教阅场景,比较宏大,场景广阔,更偏重于"面";第三段是在第二段宏大场面描写基础上的特写,偏重于"点"。第四段在概括内容的基础上要更偏重对描写角度的理解。

评述:对文章内容的感知思路是先听范读,学生边听边思考,然后教师"引导学生总结概括课文的内容",在这一环节上,教学设计对教学内容的梳理较为到位,抓住了文章内容理解的关键点和特征,只是在具体的活动构建上略有欠缺。比如,文章内容上的这些关键点如何领会和提取,文段中的写景特点如何总结和概括,通过什么样的教学活动才能更有效地调动学生的学习情绪等问题还需要在设计时统筹规划。

(3)教师引导学生在理解课文内容的基础上读出情感。

本环节要综合前面学习的内容,如对字音、节奏的掌握,对文章内容的理解,对情感的把握等,要求声情并茂,读出韵味。

此环节的目的:在前面字词学习的基础上,引导学生整体把握课文所描写的内容,并通过对内容的把握和对文中写景特点的感知,在朗读中学会表现情感。

评述:朗读教学较为专业,技巧性强。本环节教学中教师要重点考虑如何更有效地引导学生通过朗读表现出情感,还要考虑不同的学生朗读水平不同,如何根据学生的水平差异给予相应的朗读指导和评价,以及考虑如何利用学生间的水平差异做好相互间的学习借鉴。

四、知人论世,感悟情怀

结合对作者身世的把握,深入理解作品内涵,感悟作者情怀。

此环节的目的:引导学生关注文下注释。本文选自《武林旧事》,这是一部作者回忆前朝往事的作品;结合相关资料,引发学生思考,作者为什么要回忆如此热闹壮观的场景,描写前朝往事呢?知人论世,引领学生更深层次地感受作者情怀,深入理解作品背后的深沉主题。

评述:个人认为,本文的教学重点在字词积累及文章写景方法的领悟上,但作品主题与作者情怀也不可不讲,所以"知人论世,感悟情怀"环节从教学上来讲是必要的。在教学处理上,主要是感悟,通过文下注释、补充资料,再辅以教学提问"作者为什么要回忆如此热闹壮观的场景,描写前朝往事?"以引导学生尝试思考作品深层次的内涵。在教学中,结合学生不同的理解水平,激发学生思考并积极交流,课堂上良好的交流本身就是一种教学资源,能很好地促进学生认知能力的提升,体现课堂教学的成效。

五、布置作业

(1)从文中选择一个你喜欢的片段,背诵下来。

(2)运用本文所学的写景方法,描写一个活动场面。

附:板书设计

观 潮

周密

周密观 → 人观 ⎧ 海潮之伟观(远→近)⎫
⎨ 军演之壮观(面) ⎬ 旧事
⎩ 吴儿之神勇(点)⎭

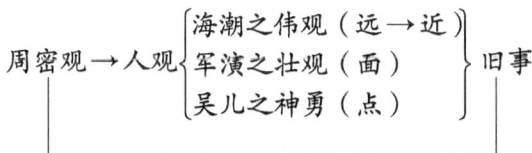

《智子疑邻》目标教学设计及评述

(设计:张健敏 马鞍山市第八中学 评述:汤胜)

【教材分析】

《寓言两则》是人教版初中语文七年级上册第六单元的课文,包含两篇短文——《智子疑邻》和《塞翁失马》。这个单元选编的课文体裁多样,有古代白话小说、童话、神话、寓言等,它们的共同特点是通过虚构的人物和故事曲折地反映现实。选编这些文章的目的就是通过这些富于想象力的故事,激发学生的阅读兴趣,培养学生的阅读能力,这也是本单元的教学要点之一。教学要点之二是学习快速阅读的方法,通过关键词语带动整体阅读,提高阅读速度。这个目标在《小圣施威降大圣》《女娲造人》《皇帝的新装》《盲孩子和他的影子》中均有训练。《智子疑邻》在文章体裁上兼容了寓言和文言文的双重特点,课型较复杂,因此,在课堂教学过程中,教师应在文本学习中抓住文言文和寓言的特点,由浅入深,感受具体语言,以读促悟,提高学生的阅读能力。

【学情分析】

七年级学生在本学期已经学过几篇文言文,如《世说新语》《论语十二章》等,已经有了一定的文言文学习功底,但毕竟是七年级的学生,语文素养还有待培养和提高。对课文文意的疏通还不能完全独立完成,教师必须适时给予辅导和点拨,引导学生既注重在字句翻译上加强积累,又注重对"寓言故事讲明生活哲理""总结寓言寓意的方法"的领悟。同时,通过朗读培养学生学习文言文的兴趣,使学生在轻松有趣的课堂学习环境中,领悟哲理,学到方法,提高能力。

【教学目标】

(1)反复朗读课文,读准字音,读对节奏,读懂词义。
(2)能在翻译课文的基础上背诵课文。
(3)思考并说说本文寓意及总结概括寓意的方法。

【教学重点】

积累重要的文言词句。

【教学难点】

引导学生总结概括寓意的方法。

评述：本课教学目标设计简洁精练，设计中注重文言文基础知识的积累和基本能力的提高。如注重"反复朗读课文""翻译""背诵课文"，对"字音""节奏""词义"的教学；同时，在领会寓意的基础上学习总结概括寓意的方法，注重学习中的方法教学。在评述以上教学目标的同时，我们也要看到，上述目标虽然在知识层面较为全面具体，但在课堂教学活动的分步层面还缺乏细致的构思，重要的活动要分步实施，因此，需要在教学过程环节深入细致地思考教学活动的形态和流程，否则教学目标容易虚空而得不到有效的落实。

【教学方法】

朗读，对话交流，探究式教学。

【教学课时】

一课时。

【教学过程】

一、检查预习，了解文学常识

联系以往所学，引出寓言的特点。结合课下注释了解作家、作品。课件呈现，师生交流。

评述：教学流程设计出了教学的大致思路，但还要注意在实际教学中学生学习主体性的体现,比如寓言特点的回顾,作家、作品文学常识的学习等都应该让学生进行交流并展示。课堂教学务必要做到学生能做的事教师不代劳,学生能学的内容教师放手学,一来避免了课堂教学中教师一言堂、满堂灌的生硬,二来容易调动学生的学习兴趣。

二、教学目标(1),反复朗读课文,读准字音,读对节奏,读懂词义

1.读准字音

(1)老师提出朗读要求——读准字音,学生根据要求自由朗读课文。

(2)老师指名朗读,学生点评。

老师引导学生掌握"雨""父"的正确读音,明确这两个词在古代与现代读音的不同。

学生再读,巩固所学。

> 评述:教学要求清楚明白,"读准字音",重点内容也梳理到位,引导学生掌握重点词语"雨""父"的读音。教学步骤也较为合理,先注重整体朗读,发现问题,再改进,从而提高学生的朗读水平。

2.读对节奏

(1)课件出示例句,由易到难练习划分节奏。

例句:"天雨墙坏""其家甚智其子,而疑邻人之父。"

老师指导学生划分节奏,强调划分节奏时注意保持意思相对完整。

(2)课件呈现文句,学生练习划分节奏并朗读,教师点评。

文句："不筑,必将有盗""其邻人之父亦云"。

(3)老师指导学生朗读全文,要求读对节奏。

评述:节奏划分教学环节,思路清晰、步骤合理、知识到位。教学思路上教师先以出示示例的方式领学,再指导学生练习划分节奏,最后朗读全文,读对节奏。教学思路由易到难,注重实践。教学步骤上,也是从示例指导到练习实践,注重过程,注重细节。教学知识上,教师在设计时也理解到位,"划分节奏时注意保持意思相对完整"应该是文言文节奏划分的原则,教师在设计中也清楚教学要求中的"强调",这种强调其实就是一种方法指导。

3.读懂词义

(1)读懂文中的单音节词。如:子、邻、坏、筑、必、盗、暮、果、财、家、疑等。

老师先举例讲解;再引导学生找出其他词;最后课件呈现,总结归纳。

(2)读懂文中词义或用法特殊的词。如:智、雨、云、父等。

教学步骤同上。

评述:教师在教学中抓住对教学知识点的梳理和准备,这样课堂教学就不会失度、失向,但也要注意教学中的实效性,注意指导学生在当堂学习的同时完成记忆,同时理解并领会知识分类学习的方法和思想。

三、教学目标(2),能在翻译课文的基础上背诵课文

(1)学生根据前面所学知识翻译课文。

在翻译时,老师引导学生注意运用前面环节所学的知识。

(2)学生当堂背诵。

　　评述:文言文教学注意对简短文章的当堂背诵,通过这样的积累,能切实培养学生文言文学习的语感。但在翻译教学中,活动构建较为简单,没有清晰的活动流程,在具体的课堂教学实践中,教学艺术性强的教师能很好地处理,教学经验不足、教学积淀不够的教师可能会无所适从,而让教学趋于无味。

四、教学目标(3),思考并说说本文寓意及总结概括寓意的方法

(1)本文的主要人物是谁?

老师引导学生思考本文的标题。

(2)"子""邻"提出的建议相同,富人对儿子和邻人之父的态度有什么不同?为什么会这样?

(3)从富人的角度看,我们怎么理解本文寓意?

学生讨论交流,探究课文寓意。全班展示交流结果。

(4)总结概括寓意的方法。①熟悉寓言内容;②抓住主要人物;③品味关键词语;④多角度来理解。

(5)试用所学方法概括《滥竽充数》的寓意。

学生运用所学方法,思考、交流、展示。

　　评述:本环节教学设计层次清晰、活动丰富。从人物到人物活动、态度,从问题分析的角度到观点、方法,层层深入、环环相扣,设计思路严谨;另外,每个教学环节要求内容翔实,再辅以教师课堂指导,教学成效应该会很好。

五、课堂总结,布置课后作业

1.课堂总结

教师开展课堂教学总结或引导学生做简要的课堂学习回顾。

2.作业布置

(1)整理本节课的学习笔记。

(2)运用所学知识概括《狐假虎威》《守株待兔》等寓言的寓意。

《一着惊海天》目标教学设计及评述

（设计:曹婷婷 马鞍山市第八中学 评述:汤胜）

【教材分析】

《一着惊海天》是人教版初中语文八年级上册第一单元的第四篇课文,是一则通讯。这则通讯主要记述了辽宁舰歼-15舰载机成功着舰的过程,曾先后获得解放军新闻奖一等奖和中国新闻奖三等奖。这一个单元是一个"活动·探究"单元,活动任务有三点。一是新闻阅读:阅读消息、新闻特写、通讯等不同体裁的新闻作品,了解新闻内容,把握各自特点,学习读新闻的方法,养成读新闻的习惯,关注社会生活和新闻本身的发展。二是新闻采访。三是新闻写作。这一单元前三课分别是消息和新闻特写,本课是一则通讯,所以在这一篇课文中要着重引导学生通过阅读通讯,了解通讯内容,把握通讯特点,并与前面所学的消息和新闻特写两种体裁相联系和区别,培养学生对社会生活的关注,为下一步的新闻采访和新闻写作打好基础。

【学情分析】

学生通过这一单元前面三课《新闻二则》《首届诺贝尔奖颁发》

139

《"飞天"凌空——跳水姑娘吕伟夺魁记》的学习,已经对新闻中的消息和新闻特写有了初步的认识和了解,基本掌握了消息和新闻特写各自的特点,但是对于新闻中的通讯还缺乏具体感知,对于不同新闻体裁之间的联系和特点还缺少系统的把握。因此,在这节课的教学中要重点引导学生通过通讯的定义、文本的阅读来把握通讯的特点,并形成新闻知识的系统性。

【教学目标】

(1)积累词语,学习并记住通讯这一新闻体裁的基本知识。

(2)运用通讯的知识解读本文的内容,并通过课堂交流强化理解。

(3)在朗读和赏读中领悟本文的时代意义,并学会关注社会生活。

【教学重难点】

(1)运用通讯的知识解读本文的内容,并通过课堂交流强化理解。

(2)在朗读和赏读中领悟本文的时代意义,并学会关注社会生活。

评述:本节课将教学目标定为四个方面,积累文中的词语、记住通讯这种新闻体裁的基本知识、运用通讯的知识解读本文的内容以及领悟时代意义,内容选取全面到位。同时,也有一定的学习要求,比如,"积累""记住""交流""朗读"等,这些学习行为或活动和教学内容相互配合能形成相对明确的教学目标系统。

【教学方法】

通过点拨教学引导学生理解通讯的文体特征,通过朗读、赏读及交流领悟本文的时代意义。

【教学课时】

一课时。

【教学过程】

一、教学导入

(1)字词预习反馈(学生交流字词预习情况,重要的读音领读三遍,重要的字形指导写几遍,以强化记忆)。

一着(zhuó)惊海天　桅(wéi)杆　镌(juān)刻　殚(dān)精竭虑

　　评述:字词教学是基础知识的教学,基础知识的教学方式很难有新意,只要注重实效就好。这节课设计中本环节的教学成效观还是很强的,教学中明确要求"重要的读音领读三遍,重要的字形指导写几遍,以强化记忆",这种注意教学实效的做法很好,很有参考和借鉴意义。

(2)播放视频或课件呈现文字:辽宁舰的简介(引起学生的学习兴趣)。

2012年9月25日,辽宁舰经过十次试航,正式交付海军,中国终于有了第一艘自己的航空母舰。但是,对于以舰载战斗机为主要作战武器的辽宁舰来说,如果不能实现舰载机顺利起降,它就还不能成为一艘真正意义上的航母。在正式交接入列后还不到两个月时间的 11 月 23 号,辽宁舰成功进行了歼–15 舰载机的着舰训练,当天上午,飞行员驾驶 552 号歼–15 战斗机飞临正航行在渤海某海域的辽宁舰上空,并成功着舰。

二、学习并记住通讯的相关知识

通讯,是运用叙述、描写、抒情、议论等多种表达方式,具体、生动、形象地反映新闻事件或典型人物的一种新闻报道形式。它是记叙文的一种,是报纸、广播电台、通讯社常用的文体。它包括人物通讯和事件通讯两类,它和消息一样,要求及时、准确地报道生活中有意义的人和事,但报道的内容比消息更具体、更系统。

(课件呈现知识,教师指导学生先朗读或阅读,读完后,再指导学生筛选本段文字中通讯知识的关键词,如:"多种表达方式,具体、生动、形象""及时、准确地""有意义的人和事",并当堂记住。这一环节的学习为下面学习通讯的新闻性、文学性和评论性打下基础。)

评述:课堂的魅力在于教学过程中对细节处理的艺术化程度。这个环节尽管只是一个课文背景资料的补充教学,但教师在教学中对细节的指导非常细腻,"指导学生先朗读或阅读""再指导学生筛选本段文字中通讯知识的关键词""并当堂记住"。这种教学处理,不至于将课堂学习变成走马观花、浮光掠影式的热闹,而是更加注重教学活动的成效,教学活动的成效即是学生学习的成效。

三、运用通讯知识解读本文的内容

1.结合本文内容学习通讯的特性之一——新闻性

课件呈现新闻性的内容:内容真实准确,报道及时有效。

(1)教师指导学生理解何为内容的"真实准确"? 何为报道的"及时有效"? 为本文内容的学习做铺垫。

(2)在上一步学习的基础上,教师指导学生分别找出本文体现真实准确的内容,找出体现报道及时有效的内容,并开展交流。

(3)教师小结点评。

2.结合本文内容学习通讯的特性之二——文学性

(1)课件呈现两组句子,指导学生开展对比阅读,感受语言的形象生动性。

第一组:

句子一:从高速飞行的舰载战斗机上往下看,航母就像汪洋中的一片树叶,在海上起伏行进。(通过比喻的手法使语言形象生动。)

句子二:从高速飞行的舰载战斗机上往下看,航母在海上起伏行进。

第二组:

句子一:循声望去,记者看到,湛蓝的天幕上,一架歼-15舰载机正向辽宁舰飞来。(通过描写使语言形象生动。)

句子二:循声望去,记者看到,天上一架歼-15舰载机正向辽宁舰飞来。

(2)学生根据前面的学习体会开展自主阅读,找出文中生动形象的语句,并交流体会和感受。

在"渤海某海域,海风呼啸,海浪澎湃。""'辽宁舰'斩浪向前。""在高速飞行的舰载战斗机上往下看,航母就像汪洋中的一片树叶,在海上起伏行进。""塔台内,时钟指针的每一次跳动,都在揪着人心。""'刀剑上的舞蹈'就要开始了,现场所有的人都捏着一把汗。""声如千骑疾,气卷万山来。""欢呼声中,一颗颗揪紧的心,一下子舒展开来。各个战位上热烈的掌声,瞬间激活了所有人紧绷的神经,每个人的脸上都绽放出胜利的笑容。""为了这一着,面对技术封锁,多少人殚精竭虑,青丝变白发;多少人顽强攻关,累倒在试验场;多少人无怨无悔,默默奉献……"等语句中,通过对使用修辞手法语句的感受和具体的细节描写让学生感受到通讯与消息的不同,体会通讯的文学性。

(3)教师小结。

3.结合本文内容学习通讯的特性之三——评论性

(1)课件出示一组句子,学生齐读句子,并初步感受句子的内容。

这不是一次普通的飞行。航母舰载战斗机着舰,承载着国人的强军梦想。

这更不是一次普通的降落。这是世界公认的最具风险性难题。

舰载战斗机上舰,中国白手起家,一切从零开始。

随着照相机的快门声响起,中国第一位成功着舰的航母舰载战斗机飞行员的风采,定格在人们的镜头里,镌刻在共和国的史册上。

(2)引导学生理解句子的意思,归纳出这些句子都是揭示事件的重要意义和重大价值,也是作者对事件的评论和评价。教师引导学生领悟对事件的意义和价值做出评价与评论的文字,体现了通讯评论性的特征。

(3)教师指导学生再读句子,激发学生的民族自豪感和自信心。学生谈感受。

评述:以上教学环节设计分别就通讯的三个特性"新闻性""文学性"和"评论性"开展教学,从三个特性的内涵来看,学生对"评论性"的理解要高于"文学性",对"文学性"的理解要高于"新闻性",因此,教学内容的安排顺序是适当的。从教学活动的组织形式来看,对"新闻性"的学习,教师教学更多地表现出"放"的特点,教学以问题为导向,以学生自主思考、活动为依归;对"文学性"的学习,教师教学更多地表现出"带"的特点,教学以示例引导,给学生搭建学习支架,学生通过对示例的学习与领会,进而开展自主学习,这样容易完成对一般性难以理解问题的学习;对"评论性"的学习,教师更多地表现出"给"的特点,这符合对教学难点问题的处理原则,课堂教学中比较难以理解和领会的教学内容,教师可以通过"给"的方式将学生从"此岸渡到彼岸",教学不一定要求学生在有限的时间内完全理解和领会,但可以让学生在体验的过程中有所感悟。

四、品读本文标题,加深对通讯特点的理解

"一着惊海天——目击我国航母舰载战斗机首架次成功着舰"中的"着""惊"两个动词生动形象,"海天"画面感十足,吸引读者的注意力,体现了通讯的文学性;同时一个"惊"还传达出了这次舰载机的着舰给世界带来的巨大震惊,凸显了首次成功着舰的意义和价值,体现了通讯的评论性;而副标题不仅是对主标题的解释说明,更彰显了这则通讯来源的可靠,材料真实,体现了通讯的新闻性。

> 评论:从教学内容上看,这个环节可以算作是对课堂教学的回顾和总结。但教师的设计安排很精巧,以品读标题的方式,引导学生再一次感受和体验通讯的三个特性,设计巧妙,成效很好,教学设计耐人寻味。

五、作业布置

请同学们化身小记者,关注我校即将开展的第八届运动会中的人和事,写一则通讯报道。

《昆明的雨》自读指导课目标教学设计及评述

（设计：张玲玲 霍邱县第二中学 评述：汤胜）

【教材分析】

《昆明的雨》是人教版初中语文八年级上册第四单元的一篇文章。这个单元学习的散文类型多样：或写人记事，或托物言志，或阐发哲理，或写景抒情。这些散文展示了丰富多彩的自然景象和社会生活，表达出独特的情感体验和深刻的人生感悟。学习不同类型的散文，能开阔学生的阅读视野，便于学生在阅读赏析中感受和体会不同类型散文的特点。

这篇课文是一篇很有韵味的写景抒情散文，它通过"雨"串联起当年的一系列往事，文中的"雨"被情感化、意象化了，而文中的景、物、人、事又有着很鲜明的昆明雨季的特征。全文充满了景物美、滋味美、人情美、氛围美，堪称美文的代表。文章开篇点题，围绕"雨"，突出"想念"二字。先写昆明的"雨季"，从不知道有"所谓的雨季"，到在昆明有了具体的感受，再到对昆明雨季的赞美：昆明的雨季是明亮的、丰满的、使人动情的。再写"雨季的果子"，最后由雨而生发出淡淡的乡愁，进入"木香花湿雨沉沉"的醉人境界，这一切让人不禁神往迷人的昆明。教学时，要把理解文章写法、品味语言作为抓手和重点，这有利于提高学生赏析文章的能力，也能使其对散文的理解不流于抽象。在语言、写法的教学中，要注意让学生自己多读、多品、多思、多悟、多总结，教师不要轻易打断学生读与思的过程，更不要轻易给答案、下结论。本篇课文的写法和语言的妙处，并非一读可知，需要细读才能得其滋味。因为学生往往缺乏细致阅读的能力，所以需要教师在关键处点拨一二，帮助学生将阅读引向深入。为了让学生更深入地理解，还可以让学生进行比较阅读：可做散文类型之间的比较阅读,也可以做同类散文之间的比较阅读。

【学情分析】

八年级学生已初步掌握了语文赏读方面的知识和方法,通过本单元的学习,对散文这种文学样式也有了基本的认识和了解,能够联系自己的生活去感悟文章的情感,但深入理解、赏析语言方面的能力还不够,特别是本文写作时,那种名为写雨,实为写景、人、情的艺术化手法,需要教师在关键处加以点拨。

【教学目标】

(1)指导学生通过自读,梳理出文章的写作内容。
(2)指导学生通过自读关键语句,体会并交流文章的情感基调。
(3)指导学生通过关注名人往事,增强知人论世的阅读意识。

评述:在教学目标设定中,教师的课型意识很强,结合自读指导课课型的特点,以学生自主阅读、教师点拨为指导思想,以梳理文章内容、体会文章情感基调、培养知人论世的阅读意识为方向,开展阅读教学。同时,教学目标中还贯穿了活动内容,如"自读关键语句""关注名人往事"等,教学目标的设定符合课型的教学要求和课堂教学的实践原则。

【教学方法】

指导学生开展自主阅读,对话教学,探究性学习。

【教学课时】

一课时。

【教学过程】

一、导入

今天,我来指导同学们阅读一篇汪曾祺的散文《昆明的雨》,这是老师发自内心喜爱的一篇散文,大家也喜欢吗?(关注学生反应,借机引导到"大家为什么喜爱这篇文章"的话题上,观察学生是怎么阅读的,阅读了哪些内容)我想请大家谈谈喜爱这篇文章的什么内容。(学生在谈,老师在观察、评价,并适时地给予肯定和鼓励。)

这一环节主要是老师引导学生自主谈自己的阅读内容、方向及体会和感受,老师课前要布置学生回去阅读的作业,在了解学生基本阅读体验的基础上开展下一步的深入阅读指导。

评述:课前导入环节,较好地体现了阅读指导课的教学原则,以激发学生的自主阅读兴趣为切入点,了解学生对本课的阅读体会和感受,既了解了学情,又能做到很好地导入。

二、目标(1)教学

刚才大家在交流时谈了很多阅读体会,都很好。其中,有字词的阅读,字词是学习文章的基础;有内容的梳理,还有其他更深入的方面。老师想先就本文的内容来深入地了解一下大家的阅读情况,好吗?

能允许老师问几个问题吗?

第一个问题:本文是写什么的?

评述:问题太大太空,学生没有得到明确的指引,可能会回答成文章的标题。要加强问题的指引性。

第二个问题:本文有多少内容是直接写雨的?(学生自主找内容回答,如:我不记得昆明的雨季有多长……,昆明的雨季是明亮的……在学生找内容回答的基础上,老师问第三个问题:刚才给大家提出的两个问题好像太简单了,下面问一个难一点的问题,考一下同学们。)

第三个问题:老师感觉本文写雨的内容太少,为什么写了那么多其他的内容呢?(这个环节老师重点引导学生思考,虽然不是直接写雨,但是是写昆明雨季中的人、事和景,这些内容是作者在昆明的生活中直接体会和感受到的,也体现了散文文体"形散而神不散"的特征。还有一点,写这些人、事和景增加了文章的生活情趣,增加了文章的阅读趣味。试想一下,本文如果没有这些生活内容,单纯写雨,恐怕阅读起来就显得单调无味了。——这一问题的研讨是重点,要深入,一条一条地点拨与引导,让学生体会与感受。)

评述:目标(1)教学三个问题的设计很有层次,由浅入深、由易到难、由面深入到点,符合学生的认知规律。这三个问题从表面上看是对文章内容的了解,从深层次研究,是对文学作品写作思路及内容安排方面的鉴赏,特别是第二个问题"本文有多少内容是直接写雨的"和第三个问题"本文写雨的内容太少,为什么写了那么多其他的内容"相结合,能激发学生思考的兴趣,训练学生的深度思维。同时,在设计上,教师预设思考了课堂上学生的思维形态,对教学指导中可能出现的问题和情况做了充分的教学准备。

三、目标(2)教学

上一个环节,在大家自主阅读的基础上,我们又深入地研讨了一下文章内容,理解更进一层了,是吧? 这个环节,我们来研讨一下文章的情感。

文章的情感有的可以直接感受到,有的需要间接感受到。那么,老师想请同学们在自己阅读的基础上告诉老师,哪些句子可以直接感受到情感? 哪些句字可以间接地感受到情感? 问题的回答要一个一个来,先告诉我,哪些句子可以直接感受到情感?(直接感受——我想念昆明的雨(首尾),间接感受——写雨中的人、事、景。)

还有吗? 如果没有,老师来找一个句子——"宁坤要我给他画一张画,要有昆明的特点"。大家读读这个句子,有深厚浓烈的情感吗? 读不出来,没关系,在平时,这就是一个简单的叙述,怎么会有深厚浓烈的情感呢? 但这句话和刚才大家找的句子"我想念昆明的雨"一起读,有没有情感? 想念的是作者一个人吗? 是两个人吗? 大家再看后文,作者和德熙"一直坐到午后"的片段,想念的可能是许多人。这样一读,文章的情感就不是一个人的情感了,就显得厚重多了。有一句话"因为一个人,想念一座城",现在看来,是因为许多人,想念一座城,因为那段岁月,想念那座城!

大家一定要记住,读文章一定要把情感读厚。

评述:情感教学一般是课堂教学的难点,在理解作品情感的教学中,容易出现两种问题:一是太浅,情感理解落不到实处,且深入不下去;二是过深,教师对作品情感挖掘得太深,让学生找不到感觉,茫茫然云里雾里。而本节课的情感教学环节却处理得很好,对于文中学生能理解和把握的情感,教师放手让学生去理解。教师通过教学问题:"哪些句子可以直接感受到情感? 哪些句子可以间接地感受到情感",引发学生思考与交流,这样的问题设置比单纯地问"本文体现了作者怎样的情感"要高明得多,它能将学生的思维带入对文章内容的学习和理解中,使情感教学不至于悬浮于空中而落不了地。另外,对于文中学生不能捕捉的情感细节,教师也能做到很好的引导,且能落在实处。比如,教师以问题引领学生深度思考"宁坤要我给他画一张画,要有昆明的特点"这个句子中有深厚浓烈的情感吗?对平实语言中情感的把握,一定要在教学中找到载体,同时学生也要先有一定的情感理解基础,这样教学,情感把握就能做到深入了。教师将本文情感的理解引到"因为许多人,想念一座城,因为那段岁月,想念那座城"上,也比较有见地。

四、目标(3)教学

还有一点,老师提出来与大家交流,文章的情感离不开语言,大家在阅读语言时都应该多想一想语言背后作者的情感。汪曾祺是散文大家,汪曾祺作品的语言沉静的背后饱含热情、平实当中凭添趣味。大家先自主品味语言,如果需要指导,我们下节课再进行。

因为是自读课文,下面我还想与大家研讨一下名人往事。作品往往让我们记住一个人,也让我们了解一段岁月往事,或许这也是作品本身的魅力吧。

有没有同学课前阅读了一些。(如有,请同学先介绍,老师再补充;如没有,提醒大家多关注一些名人往事。)

补充一些关于汪曾祺与宁坤、德熙在联大的生活往事。

结束语。再回顾总结一下本节课的学习思路:散文的形(内容闲散)——神(情感深沉)——人(名人往事)。

评述:自读指导课结合文本背景及作者生活经历做一些适

当的拓展,有利于培养学生对文学作品阅读和欣赏的兴趣,增加语文教学中的文化含量。

五、作业布置

自读课文,结合本节课的教学内容随堂布置。

第七章　基于目标策略的课堂教学课例研究

　　目标教学研究的出发点是课堂，最终也要回归到课堂教学实践中来。因此，对课堂教学课例的探讨和观照是目标教学最接近本源性的研究内容，在本书的最后章节，笔者选取了近年来执教的几篇教学课例，以此为样本，再现课堂教学原貌。所选取的课例都是按照"教学设计""课堂实录"及"执教感言"三个版块撰写，力求最真实地还原课堂教学的实际，最大限度地突出课例的参考价值。

　　"教学设计"部分主要突出设计的目标性与活动性，以及目标引领与活动达成的教学融合性。读者据此可以直观地感受目标设定对课堂教学的引领作用，感受教学活动对目标达成的承载意义。"课堂实录"部分是从教学实践层面探究这种"目标引领、活动达成"的教学应用价值，从编写上依照教学设计的流程，基本再现课堂教学生态。为便于阅读，书中将"课堂实录"部分进行了分环节处理，以使内容过程更加清晰。"执教感言"部分包括教学设计思路和教学反思，是对教学过程的再认与提高。

《桥之美》目标教学课例

【教学设计】

一、教材分析

《桥之美》是人教版初中语文八年级上册第三单元的一篇自读课文。本单元的五篇课文在一定程度上都属于有说明特征的文章，只不过有的偏重于实体性事物的说明，有的注重文艺性事理的说明，本文属于后者。如果不考虑单元教学因素，单纯从一篇文章的阅读上来说，本文似乎更符合文艺性小品文的特征，因此对于刚刚进入八年级的学生来说，理解起来就比较困难。在课前与学生交流中，学生也普遍反映文章内容不易理解，因此，指导学生读懂本文，进而掌握一些文艺性小品文的阅读方法，是本文教学的一大目标。

另外，本文的语言非常优美，恰如作者的画作一样。因此，在教学上，引导学生欣赏品味作品的语言，有很大的教学意义。当然，如何才能做到切实有效地品味，既感受了本文的语言魅力，又能做到掌握方法，学以致用，也是教学中需要思考的问题。

从目标设计方面来讲，"理解文章内容"和"品味文章语言"是课程标准中体现的教学目标，也是"知识与能力"目标在课堂教学上的体现与落实。但这两个目标是宏观目标，在具体的课堂教学中，还需要从"过程与方法"层面来设计出具体化、易操作、可达成的教学目标，因此，需要针对本文并结合文艺小品文这一类文章的特点研究出具体的操作性目标，同时，将"情感态度与价值观"目标贯穿到课堂教学对话之中。

二、学情分析

这篇文章，如果从文体特征上来说，学生阅读起来有一定的困难。首先，它虽然放在说明文单元，但不是规范的说明性文体，说明文知识的学习并不完全是本文学习的重点,因此,教学中需要涉及多个文体知识,是一个教学难点;其次,对于小品文学习,从对内容到对思想内涵的理解,以及对情感的把握对于八年级学生而言有一定的困难,因此,在教学中正视难点,抓住内容理解这个突破口,引导学生找到一个理解本文内容的方法作为抓手,应是教学的首要问题。

三、教学目标

(1)指导学生预习课文,重点是自主学习文中词语,并逐步养成积累词语的习惯。

(2)能把握本文的写作内容。具体说出本文"桥之美"的欣赏角度;能结合文章段落,读出体现"桥之美"的关键性语句;将内容关联的语句联系起来,概括文章的写作内容。

(3)能在阅读中评析语言的情味。能找出本文具有情味的语句;能就找出的语句说出自己的阅读体会和感受,并能有感情地朗读这些语句。

教学重难点:理解本文的写作内容既是重点,也是难点,评析本文语言的情味是教学难点。

四、教学方法

通过问题引导学生开展探究性学习,在对话中交流展示,并在教学中注重学生的思维训练。

教具准备:多媒体课件,呈现教学的主要思路、主要内容等。

五、教学课时

一课时。

六、教学过程

(一)导入

1. 把握学情

同学们,今天我们来共同学习《桥之美》这篇文章,大家已经预习过,这篇文章不太好懂,是吧? 这篇文章不容易读懂的原因有两个:一是文章的写作内容,二是文章的语言表达,所以我将这篇文章的教学目标定位在这两点上。(呈现教学目标。)

(教学设计说明:在了解学情的基础上确定并告知学习目标。)

2.品味标题

介绍自己阅读作品的习惯,引发学生思考。先读标题,标题是感知文章内容的一把钥匙,我们先来读一读标题——《桥之美》,是写"桥的美"的文章。

(教学设计说明:引导学生养成关注文章标题的习惯和意识。)

(二)理解本文写作内容

1.研读本文"桥之美"的欣赏角度

你能从文中读出作者的身份吗?

老师指导学生从文中找出能体现作者身份的信息,能提取文中的有效信息是中学生应具备的语文学习能力。

如"画家见的桥最多了""美术工作者大都喜欢桥"等。

师生明确作者的身份——画家。(课件呈现对吴冠中的介绍。)

师生明确本文的写作角度——从画家的角度感受和欣赏桥之美。(板书:画家。)

(教学设计说明:指导并训练学生从文章中提取有效信息的能力。)

2.阅读文章的第二、三两段,读出表达"桥之美"的关键性语句

(1)学生齐读文章第二、三段,并在朗读中思考写作内容。

(2)找出这两段中表达"桥之美"的关键性语句。

教师引导学生就所找出的语句,总结出"桥之美"在美术工作者眼中体现在"形式美"。(板书:形式美。)

(教学设计说明:指导并训练学生从文章中找出关键性语句的能力。)

3.在学习前两段的基础上,读懂后文,并明确文章的写作思路

(1)教师引导学生明确这是一篇有说明性质的文章,那么后文的写作,是作者在明确"桥之美"体现在"形式美"的基础上举例说明。

(2)教师引导学生在理解前文的基础上,找出后文中体现桥梁"形式美"的语句。

课件呈现文中几句表达"桥之美"的关键性句子:

其实更偏重于绘画的形式美——缘于桥在不同环境中的多种多样的形式作用(举例说明)——凡是起到构成及联系之关键作用的形象,其实也就具备了桥之美。

教师当堂小结教学目标。(课件呈现教学目标、教学过程及教学内容。)

(教学设计说明:培养学生通过抓关键句进而概括文章内容的能力。)

(三)评析本文语言的情味

本文的语言写得很美,大家能读出来吗? 能阅读文章并积累一些优美的语句,也是一个很好的语文学习习惯。

(教学设计说明:促进学生养成积累美言美句的习惯。)

(1)教师让学生找一找、读一读文中优美的语句。

(2)教师引导学生朗读并赏析这些具有情味的语句。

方法提示:注意品味语句中词语背后人物的情感;注意品味语句中词语间的相互关联和映衬;注意品味语句所表现的主题。

(教学设计说明:传授品味文章语言的方法。)

特别重要的是,学生朗读,教师要在学生体味的基础上,点明这些句子重在揭示"不同环境",重在表现桥的"多种多样的形式作用",重在阐释"桥在不同环境中的多种多样的形式作用"这句话。

(3)学生在理解的基础上再次朗读,并尝试说出这些语句的

情味。

（教学设计说明：学生再次朗读，将自己对语言的品味与感受表达出来。）

（四）教学总结

教师引导学生回顾教学目标，并点明学习目的，如关注和理解文本语句及语句中的关键词语，在此基础上理解文章的写作思路以及文章语言的情味。同时指出，《桥之美》这篇文章的写作视角——一位美术工作者眼中的桥之美，假如文章的作者不是一位美术工作者，那文章的表现形式和表现内容又会不同。桥是浓缩的历史精华，桥是美的化身，桥是智慧的体现，我们在今后的学习和体验中假如多留心，也会写出如此精美的文章。

（五）作业布置

（1）复习课堂学习内容。

（2）完成课后练习。

【课堂实录】

一、预习反馈，培养习惯

师：同学们，今天我们来共同学习一篇文章，课文的标题是《桥之美》。（板书：《桥之美》）

师：我想先来了解一下大家对这篇课文的预习情况。请同学们谈一谈，你是从哪些方面来预习的？

生1：我预习了作者吴冠中的介绍。

师：很好，阅读作品要关注作者，这是个好习惯。除了预习作者，你们还预习了哪些内容？

生1：还预习了一些生字词。

师：你能举一个例子吗？

生1：第二段"煞它风景"的"煞"。

师:这个字我们为什么要积累?

生1:因为有点难写。

师:要关注文中疑难复杂的字词,这种预习的意识也非常好。我们再来邀请一位同学说一下。

生2:我预习了文章中一些语句的意思。

师:能举一些例子吗?

(生2举出自己积累的句子。)

师:为什么选这些句子呢?

生2:因为它们写得很优美。

师:你的预习已经非常深入了,方法也很好,将作品中优美的句子找出来并积累。通过刚才的了解,知道同学们在预习一篇文章的时候从作者、字词和一些语句入手,这都是很好的预习方法。这篇文章不太好懂,是不是?老师也认为不太好懂,所以我确定了两个学习目标,同学们一起来看看,这两个目标是什么?

生(齐):一、理解文章的写作内容。二、品析文章语言中的情味。(课件呈现,学生齐读。)

二、初读课文,整体感知

师:之所以确定第一个学习目标,是因为这篇文章比较难懂,体现在文章的内容不好把握上,另外本文语言很美,所以我们确定了第二个目标:品析文章语言中的情味。老师在阅读这篇文章时总结了一些阅读方法,在这里和同学们交流一下。第一个学习目标"理解文章的写作内容",我积累的方法是什么呢?我们要学会品味标题对文章内容的提示作用(课件呈现)。标题是文章的眼睛,老师阅读文章有一个习惯,那就是先看文章的标题。

师:《桥之美》,你们从这个标题中能看出这篇文章写的对象是什么吗?

生(齐):桥。

师:那"之"是什么意思?

生(齐):"之"解释为"的"。

师:对。在文言文中,我们都知道,这里的"之"就是"的"的意思。那标题中三个字连起来的意思是?

生(齐):桥的美。

师:所以标题就是一把解读文章内容的钥匙。第二点,在阅读文章的时候,我们还要关注文章的作者,这篇文章的作者是谁?

生(齐):吴冠中。

师:(板书)同学们预习得非常充分。在回答问题的时候,眼光看着我而不是看书,那就说明吴冠中先生的名字已经记在你们脑海中了,大家了解吴冠中先生吗?

生1:吴冠中是我们中国的一位现代画家。他的油画代表作有《长江三峡》《鲁迅的故乡》等,中国画代表作有《春雪》《长城》等。他是我们中国绘画史上举足轻重的一位人物。

师:你介绍得很具体。不仅介绍了他的身份,还介绍了他的代表作品。假如从文章中提取相关信息,你能判断出作者的身份吗?

生1:是一位画家。

师:从哪里知道的?

生1:课文的第三自然段。

师:请把这句话读一下。

生1:"美术工作者大都喜欢桥,我每到一地总要寻桥。"

师:这里有一个词透露了他的身份……

生1:美术工作者。

师:文章中间还有这样的词语吗?

生2:在第一自然段,"除了造桥的工程人员外,恐怕要算画家见的桥最多了"中的"画家"。

师:还有吗?

生3:第101页最后一行,"虽然绿水依旧绕人家,但彻底摧毁了画家眼中的结构美,摧毁了形式美。"

师:有一个词?

生3:画家。

师:虽然我们还有很多同学举手,但从刚才这几位同学提取的信息中,我们能感知到吴冠中先生是一位画家。老师为什么要问这个问题呢?目的就是引导和训练同学们学会从文中来提取和感知相关信息。请同学们用老师的这个阅读方法读一遍文章。(课件呈现:从文中提取相关信息,说出本文"桥之美"的欣赏角度。)

师:这篇文章欣赏的角度就是画家的角度(板书:画家的角度)吴冠中先生是从画家的角度欣赏桥的美。现在我们对内容的理解是不是又深了一步?学习到这里,我们还是要来详细地了解一下吴冠中先生。(课件呈现:吴冠中的生平。)

师:画面的左手边有幅图片,这位老先生很有风度,很有个性,右边是对他的介绍。这位老先生于2010年离开了我们,但他在美术史上留下的地位是值得我们永远铭记的。下面我们一起来学习在吴冠中先生的眼中,以一位画家的角度欣赏,"桥之美"体现在什么地方。

三、细读课文,概括内容

师:请大家谈一谈,文中哪些语句体现了"桥之美"?(课件呈现:找出表达"桥之美"的关键性语句。)

生1:我读到第三段中的一句:"石孔桥自身的结构就很美:圆的桥洞、方的石块、鼓的桥背,方、圆之间相处和谐、得体,力学的规律往往与美感的规律相拍合。"

师:概括一下?

生1:桥的结构美。

师:这一句交代了桥的结构美。那么这一整段呢?

生1：是写桥的形式美。

师：你怎么知道这一段是讲桥的形式美？

生1：最后一句话，"不过我之爱桥，并非着重于将桥作为大件工艺品来欣赏，也并非着眼于自李春的赵州桥以来的桥梁的发展，而是缘于桥在不同环境中的多种多样的形式作用"。

师：这一句话中有一个关联词很重要。

生（齐）：并非……也并非……而是……

师：虽然这一段是从桥的结构美开始的，但是作者最后强调了桥的"形式作用"，也就是桥的形式美。同学们分析得很好，虽然文字很长，但是如果我们真的把这一段里面的关联词和语言之间的关联读懂了，就能了解了这一段内容最核心的意思。

师：这是第三段，那第二段呢？好，请第一个举手的同学来读。

生2："美术工作者大都喜欢桥，我每到一地总要寻桥，桥，多么美！'小桥流水人家'，固然具诗境之美，其实更偏于绘画美、形式美。"

师：这句话是写桥的？

生2：形式美。

师：还说到桥的哪些美感？

生2：诗境美。

师："诗境之美"，你把这一小段再连起来读一遍。

生2："小桥流水人家"，固然具诗境之美，其实更偏于绘画美、形式美。

师：这一段也有两个词很重要。

生2：固然、其实。

师："固然"是什么意思？

生2：是本来的意思，但后一句中的"更"是一种强调，强调了桥的"绘画美、形式美"。

师：分析得很好，请坐。文章对桥的形式美的表述还有吗？

生3："那是长线、曲线，线与块面组成了对比美。"

师：这又出现了一个新的概念"对比美"，是不是？那我们由这句话再往前看。

生3："人家——房屋，那是块面；流水，那是长线、曲线，线与块面组成了对比美。"

师："人家"前面是一个什么符号？

生（齐）：冒号。

师：这里为什么要用冒号？

生（齐）：引起下文。

师：引起下文，是用下文的内容来解释哪一个概念？

生（齐）：形式美。

师：对比美和形式美之间是什么关系？

生（齐）：对比美是形式美的一种。

师：好，同学们已经阅读得很深了，那这一段中间还有强调形式美的句子吗？

生4："桥与流水相交，更富有形式上的变化，同时也是线与面之间的媒介，它是沟通线、面间形式转变的桥！"

师：这句话中有一个很关键的词是什么？

生4："形式"，强调了形式美。

师：（板书：形式美）非常好，形式美就是这篇文章的一个最核心的内容，但什么才是桥的形式美？它的内涵体现在什么地方？

生5：在文章第七自然段最后一句话："凡是起到构成及联系之关键作用的形象，其实也就具备了桥之美。"

师：我们齐声把这句话来念一遍。（学生读。）

师：我们来回顾和总结一下这一环节学习的内容。（学生回顾与总结。）

师：能概括文章的内容是我们初中学习语文需要养成的一个非常重要的能力，但具体怎么概括文章内容，我们需要掌握一定的方法。老师教给同学们的方法（课件呈现），概括出内容只是结果，但我们更要注重过程和方法。我想通过我们这一个环节的学习，同学们对准确地概括文章的内容应该有一定的把握了。

四、赏读语言，品悟情味

师：我们第二个环节的学习内容是：品味文章语言中的情味（课件呈现）。我也给大家提供我自己的阅读方法。这是一句话，大家一起来读。

生（齐）：一、找一找并读一读文中优美的语句（课件呈现）。

师：阅读一篇文章，积累文中优美的语句是一项学习能力。文中有哪些语句，你很喜欢呢？

生1：我喜欢"湖水苍茫，水天一色，在一片单纯明亮的背景前突然出现一座长桥，卧龙一般，它有生命，而且往往有几百上千年的年龄"这一句。

师：老师想请你把语速放慢一点可以吗？我来示范一下："湖水苍茫，水天一色……"

（生1放慢语速重读。）

师：是不是效果好多了？

（生1点头同意。）

师：对，优美的语言，我们一定要带着情感去阅读。那么，这一句话，你说一说美体现在何处？

生1：它运用了比喻的修辞手法，将长桥生动形象地比喻为卧龙，突出了桥的形象以及其具有生命感的特点。

师：你鉴赏语言的方法很好，从这句话中的修辞入手，这座长桥，作者把它比喻成卧龙，就把它变得非常富有生命，很形象很生动。那这一句话，你变换一个角度再来欣赏一下，比方说你刚才所念的"湖水苍茫,水天一色",它在这幅画面中处于什么地位？请用这句话中的一个词语回答。

生1:背景。

师:你回答得很好。背景是这幅画面的环境,那这幅画面的主体是什么？

生(齐):桥。

师:我们想象一下,有湖水苍茫、水天一色这样优美的环境,再配上画面的主体——桥,是不是很美？欣赏到这里,我们就明白了,其实这句话还是在讲桥和环境之间的关系。桥和环境之间是什么关系呢？

生(齐):构成了形式美。

师:而这也是作者在文中表现的主要思想。

生1:主题。

师:对,是文章的主题。我们变换一种角度,对这句话的欣赏更进了一步,是不是这样？刚才我们从两个角度欣赏。第一是从修辞这个角度,第二是从文章的主题和内容这个角度。这句话很好地诠释了文章的主题,交代了桥和环境之间的关系。

生2:我喜欢这一句:"早春天气,江南乡间石桥头细柳飘丝,那纤细的游丝拂着桥身坚硬的石块,即使碰不见晓风残月,也令画家销魂。"这句话强调了细柳与石桥构成的美景本身已经很动人,不需要别的东西烘托了。

师:我仔细地听了你的回答,我觉得你的分析非常好。就是把细柳和石桥结合起来欣赏,是不是这样？如果把这两个事物结合,那就又回到了我们刚才所说的"形式美"的主题上来了。这句话的确很美。好,现在我想请同学们一起来读一下,读的时候语速要放慢一点,尽量把其中渲染出来的美感表现出来。(学生齐读。)

师:大家读得很好,很美。我们再来仔细地看一下这一句话,作者所选择的地点是在什么地方?

生(齐):江南乡间石桥头。

师:写石桥的时候把它放在什么样的环境背景下?

生(齐):早春细柳飘丝。

师:"细柳飘丝"四个字写出了柳树枝什么样的特点?

生(齐):柔软,像细丝一样的飘。

师:那么和这幅柔美的画面相对应的是什么画面?

生(齐):坚硬的石块。

师:这两幅画面之间形成了一种什么关系?

生(齐):对比和映衬。

师:我们这样想象一下,如果这幅画面中间单纯的是一棵柳树,是一片游丝,那也很美。但是,我想,从画家的角度可能还缺少了一点元素,这时我们再给它加上,一方石桥,坚硬的石块,和它相映衬,这幅画面就饱满了。所以,我们又学会了在鉴赏语言的时候要从词语之间的对比和映衬这种手法上来欣赏。请同学们齐声读一遍。(学生齐读。)

生3:老师,还有一句话,"茅盾故乡乌镇的小河两岸都是密密的芦苇,真是密不透风,每当其间显现一座石桥时,仿佛发闷的苇丛做了一次深呼吸,透了一口舒畅的气",我觉得苇丛本身不会发闷、做深呼吸和透气这些动作的,可以说是人的感受投射到苇丛身上,使苇丛有了人的感觉动作。

师:密密的芦苇,密不透风。所以,面对这样的环境,画家心中有一种发闷的感觉。然后,看到一幅什么样的景象?就像做了一次深呼吸。

生3:其间显现一座石桥。

师:对,看到石桥,画家内心会从"发闷"的状态瞬间变得"舒畅淋漓"。这句话的独特之处正如你分析的,在于将人的情感加在所表现的景物之上。你的阅读体会已经非常深入了。

生4:我找的还是这句话,"早春天气,江南乡间石桥头细柳飘丝,那纤细的游丝拂着桥身坚硬的石块,即使碰不见晓风残月,也令画家销魂"。本文是一篇说明文,而它的语言偏于散文化且很优美,又有含蓄感,每一句都给人以享受。

师:你已经学会从语言风格来欣赏文章了,好的文章是诗情画意的,的确是这样。这篇文章虽然放在说明文单元,但它更像一篇非常优美的散文,它写景中透着诗情画意。老师没有意识到这一点,你是小老师了,非常不错,请坐。同学们,我们文章学到这里,尽管时间有限,我们只赏析了一段,但按照这个方法我们还能品析更多的语言。你掌握了方法,就掌握了欣赏文学语言的钥匙。无论是后面的第五段、第六段、第七段或更多文章,你都能够很好地去阅读欣赏。我给大家总结一下赏析的方法(课件呈现)。我们齐声读一遍。

生(齐):注意品味语句中词语背后人物的情感;注意品味语句中修辞的运用;感受词语间的相互关联和映衬。

五、学习总结,布置作业

师:下面我们来总结一下,我们在品味语言的时候,也是要注重一定的方法(课件呈现)。第一个,要进行语言的积累,对于好的、优美的、动人的语句,我们要注意记忆和背诵。第二,在积累的基础上,我们要注意赏析文章语言中的情味。同时,老师给同学们推荐了几种品味语言情味的方法:第一,赏析语句中词语背后人物的情感;第二,从语词间的相互关联和映衬中品味;第三,我们要注意品味语句所表现的主题。对一篇文章而言,文章中的每一句话都是为文章的主题而服务的,掌握了这几种品味语言的方法,我们今后在阅读的时候,就能从一个更高的高度来欣赏文章,感受到文章语言的魅力。

老师留给同学们两项作业。第一项作业（课件呈现作业）仍然是语言的积累，对于这一篇很美的文章，老师要求同学们一定要在理解的基础上背诵文中两到三句优美的语句。第二项作业，题目比较长，我想请同学们念一遍。（学生齐读。）

师：题目很长，我们读完了一遍，你理解和领会了这个题目的要求了吗？

生（齐）：文中列举了哪几类桥，这样列举的好处有哪些？

师：同学们，桥，作者是从画家的角度来引领我们欣赏的，如果在历史人的眼中，它是一部厚重的史诗、史书；如果在诗人的眼中，它又具有了诗境之美。所以，不同的人，站在不同的角度，能感受到不同的美，是不是这样？所以，我也想请同学们在生活当中，多积累和感受，在看到事物的时候就会看到不同的美，这也是我们这节课所学的主要内容，也可以说是一种收获吧。今天的课就到这里，下课。

【执教感言】

本节课例荣获安徽省 2012 年中国教育电视优秀教学课例评选一等奖，并荣获中央电教馆 2013 年首届全国基础教育数字资源应用评比一等奖。

从教学设计到课堂教学，我始终在做一些思考，如初中课堂语文怎么教才算是体现新课程理念？学生在课堂学习中的主体性地位应该得到怎样的落实？课堂是习惯养成的课堂，是学法指导的课堂，能在教学实践中做到吗？带着这些思考，我在课堂教学实践中不断尝试和探索。

为更好地体现教学目标对课堂教学的引领性功能，我在《桥之美》的教学设计中，注重教学目标的开发，力求让教学目标成为学生课堂学习的方向标。结合这篇文章内容不易把握、文章语言不易理解的特点,我把教学目标确定为"内容的理解"和"语言的品味"两个方面。

大的目标方向确定下来以后,我就着手思考目标在课堂教学中如何落实的问题。按行为主义教育理念以及美国学者格朗兰德的目标教学理论来看,目标设定中的"理解""品味"等词语是具有内隐特征的心理性词语,其行为不易或无法被观察和检测,课堂教学目标如果仅仅只设定到这一层面,势必会在具体的课堂教学实践中出现无法有效落实的问题。因此,围绕这两个方向性目标,我又结合《桥之美》的文本内容,开发出了具体的、易于操作和易检测的过程性目标。回顾整个课堂教学过程,教学目标经过梳理和构建后,课堂教学呈现出以下特点:

第一,目标建构既包括宏观层面的结果性、方向性目标,又包括微观层面的过程性、操作性目标,教师教学有据可依,学生学习有章可循。第二,将课堂教学目标分解为一步步的学习活动后,学生在课堂上参与的积极性及参与的深度得到明显提高,学生的学习过程也由抽象的知识("理解""品味")掌握变为具体的实践性活动,学习也演变成一种在参与中的思维的训练与提升。第三,课堂教学由目标划分为一个个完整的教学环节或教学版块,当一个教学环节或教学版块完成时进行必要的回顾和总结,有利于学生完整而有效地掌握知识,领悟方法。

另外,传统的课堂,教师主要考虑怎么教的问题,教师上课首要考虑的问题是课怎么上,上得精彩不精彩,教学评价关注的着眼点也在教师、教学内容设置及完成情况。教师教什么,学生就学什么,教师怎么教,学生就怎么学。而对于远比知识本身起更关键作用的学习方法的指导,教师在教学中思考较少,更遑论在课堂教学中来尝试和践行了。本节《桥之美》的教学,我试图将学习方法的点拨、学习习惯的养成放在高于知识本身的位置,以学法构建课堂教学的品质。

上课伊始,老师一般在教学安排时会检查或检测学生的预习情况,而我将这一环节的教学内容设定为对学生预习方法的了解。我提出这节课的第一个问题"大家预习了课文的哪些内容?"三位同学做了反馈,分别从课文中的字词、作者以及关注文中优美的语句来预习,结合学生的相关回答,我又将关注点引向深处,即分别让其中两位同学就字、词、语句的预习情况,各举一个例子,并说明为什么预习时要关注这些内容,两位同学也分别举例并做了解释,说得很好。这样我就充分而巧妙地利用学生资源,向学生们传递了要充分重视预习以及如何更好地开展预习的信息,这时学生自身好的预习习惯及方法就成了课堂的教学资源,这种融方法讲授与习惯养成于一体的教学方式,我曾在日常教学中多次运用,也受到学生们的喜爱。

接下来的课堂学习环节,在目标设定中,我将学法指导融合在知识的学习当中。比如,在理解文章写作内容的目标教学中,我先引导学生关注文章标题对内容的提示作用,再引导学生学会从文中筛选相关信息并思考本文的写作视角,最后找出文中表达"桥之美"的关键性语句。这种对文章内容理解和把握的学习思路,不仅让学生较好地完成了学习目标,也让学生在学习过程中潜移默化地掌握了理解文章内容的一般性方法。这种学法指导的教学思路也体现在后面的语言品味教学中,贯穿整个课堂教学的始终。

《猫》目标教学课例

【教学设计】

一、教材分析

《猫》是人教版初中语文七年级下册第六单元的一篇文章,这个单元的五篇文章都是写动物的佳作。单元阅读提示中对作品教学主题做了一些说明,"阅读这些文章,不但可以激发关爱动物、善待生命的情感,还可以引发对人与动物关系的深入思考"。同时,对阅读方法也做了一些解读,"学习这个单元,要在理解课文内容的基础上,调动已有的知识储备,结合自己的生活体验,大胆地发表自己的见解,做到观点明确,言之有理"。以上教学要求为本篇文章的教学指明了方向,即深入研讨和领会作品主题,同时充分发挥学生在课堂阅读中的主体性作用。

另外,教学在把握了宏观方向之后,也要结合文本内容,思考教学策略问题。本文中对三只猫的描写,情感态度上还是有细微差别的,在教学中应引导学生深入理解;文本语言是作品的血肉,对文中意味深长的语言的品味与鉴赏也应该是学习的重要内容。

二、学情分析

七年级的学生对这篇文章的阅读,在大致内容的把握上是没有障碍的。但在文章精妙词句的评析上,在不同写作对象的内在关系的理解上,在主题的尝试挖掘与思考上,会有一定的难度,所以教师的教学定位和着力点应该也在这些方面。

三、教学目标

(1)思考并说说文中部分词语的意思,如"污涩、怂恿、怅然、悲楚"等,掌握揣摩词语的基本方法。

(2)说说文章的大致内容,读懂文意;以第一只猫为例,细读课文,结合词句说说文章写作中的精妙之处。

（3）找出并交流文章行文中的情感变化,感受作者的生命情怀和人性光辉。

教学重难点:教学目标(2)(3)。

四、教学方法

学生品悟、交流,教师点拨、引导。

五、教学课时

一课时。

六、教学过程

(一)把词语读懂

教学目标(1),思考并说说文中部分词语的意思,如"污涩、怂恿、怅然、悲楚"等,掌握揣摩词语的基本方法。

（1）教师指导学生读一读文中的词语,注意引导学生校正读音;学生读一读文章后面的词语,掌握字词读音。

（2）教师指导学生思考并学会分析词语的基本意义、不同语境中的意义及感情色彩,增强词语运用能力。

学生思考并交流词语的意思,并能依据老师的指导,理解词语内涵。

(二)把长文读短

教学目标(2),说说文章的大致内容,把握文意。

教师指导学生根据预习情况谈谈本文的大致内容,并给出一些方法指导:

（1）一句话概述。

（2）讲述大致的人(物)和事。

教师引导学生学习时关注本文叙述的特点,如首句的提示作用等。

学生根据提示任选一种概括方式自由发言,师生评析。

（三）把薄书读厚

教学目标（2），以第一只猫为例，细读课文，结合词句说说文章写作中的精妙之处。

（1）教师示例指导学生品味文章中的精妙词句。

示例：我家养了好几次猫，结局总是失踪或死亡。（"总是"隐含了什么情感？能否换成"都是"？）

学生参照示例找出并思考文中的精妙词句，然后讨论、交流；学生交流阅读心得并根据理解读一读自己找到的句子；师生评述交流内容。

（2）课件呈现教师阅读评注。

（四）把文章读深

教学目标（3），找出并交流文章行文中的情感变化，感受作者的生命情怀和人性光辉。

教师指导学生梳理文中表现作者情感变化的句子或词语；并点拨学生评析情感变化背后的深层原因，引导学生感受作者的生命情怀和人性光辉。

（1）找出文中表现作者情感的词句；

（2）分析情感变化；

（3）评析情感变化的缘由，读出自己的内心体会和感受；

（4）教师示例阅读感受并总结。

相对于人类来说，猫的生命似乎是很渺小的甚至是微不足道的，但几只猫的故事深深地打动了我。无论可爱与否，卑微与否，生命都是平等的。在对弱小生命的缅怀中寄托了作者的尊重、珍爱与敬畏之心，我们也应理解作者心中崇高的生命情怀和人性光辉。

（五）作业布置

完成课后"研讨与练习"，复习整理课堂学习笔记。

【课堂实录】

一、导入教学，了解作家

师：上课！

生：老师好！

师：同学们好，请坐。今天，我们来学习一篇有关动物主题的文章——《猫》（板书课题），请问作者是谁呀？

生：郑振铎。

师：这位作家大家了解吗？有谁来说一说？

生：不了解（摇头）。

师：我想不了解应该是不会的，至少你可以通过一个地方去了解。

生：注释里有。

师：那请大家齐读一下注释。

生（齐）：郑振铎（1898—1958），福建长乐人，现代作家、学者、翻译家。

师：我们在学习语文课文时，对于作家、作品要有基本的了解。所以，我给你们一个了解课文作者最基本的方法——课文下面的注释。老师也找了一些资料（课件呈现），比较长，我们来了解一下，刚才已经了解过的我们就不介绍了。这个比课文上的要详细，郑振铎除了是现代作家、学者和翻译家，他还是爱国主义者和社会活动家、诗人、文学评论家、文学史家、艺术史家，还是国内外文明的收藏家、训诂家。训诂是对古典文学的考证与考据。这里我要特别强调，他是一位翻译家，有没有同学了解印度诗人——泰戈尔？

生：看过他写的诗。

师：他的代表作是什么？

生1：《新月集》和《飞鸟集》。

师：哦，你看的版本是郑振铎翻译的吗？

生1：好像不是。

师：好像不是，没关系，请坐。我查阅了一些资料，在泰戈尔作品翻译本当中，郑振铎翻译本是最好的。

二、把词语读懂

师：现在，我们先来看一下词语（课件呈现），白板上的这几个词语大家会读吗？

生：会。

师：我们齐声念一遍。

生（齐）：污涩、红绫、怂恿、怅然、蜷伏、悲楚、惩戒、妄下断语。

师：嗯，念得非常好，但有一个词语大家念得不到位，是哪一个词语呢？（展示读音。）

生：惩戒（chéng jiè）。

师：对了，这一个词语，大家齐声念两遍。

生：惩戒，惩戒。

师：好，大家看一看这个环节我们学习的目标是？（课件呈现。）

生：把词语读懂。

师：什么叫"把词语读懂"呢？也就是词语的基本意思要了解，那我来提问几个，第一个"污涩"是什么意思？

生1：污涩是指不干净不光滑的意思。

师：哪一个字指不干净？

生1：污。

师：哪一个字指不光滑呢？

生1：涩。

师：你看"不干净不光滑"是两个意思，两个意思加起来用两个

175

字就表达出来了,非常言简意赅。很好,请坐。那除了"污涩"表达意思时使用了这种方法,还有哪几个词表达的是两种意思的累加?

生:悲楚。

师:"悲"是?

生:悲伤。

师:"楚"是?

生:苦楚。

师:如果说我的内心既悲伤又苦楚,那太繁复了,用一个词"悲楚"就显得非常简洁。还有吗?

生:惩戒。

师:"惩"是什么意思?

生:惩罚,处罚。

师:"戒"呢?

生:警戒。

师:对了,还有呢?

生:蜷伏。"蜷"是弯曲,"伏"是卧着、趴着。

师:对了,这里还有"怂恿"怎么解释?

生:鼓动别人去做。

师:鼓动别人好不好?

生:不好。

师:那"怂恿"这个词是?

生:贬义词。

师:贬义词,那大家打开课本看一看在文中"怂恿"这个词是贬义词吗?你们把这句话念一遍。

生:不是。

师:那"鼓动"和"怂恿"在这里感情色彩发生了变化,没有贬义的情感了,反而对猫表现出什么情感?

生1：喜爱。

生2：渴求与渴望。

师：词语在不同的语境中情感色彩会发生变化，大家今后在作文中要学会这样去使用词语。这一环节就学到这里，下一环节我们来阅读一下这篇课文。

三、把文章读短

师：这一环节要求大家把很长的文章读短，因为我们要对文章内容有大致的了解，以便于我们更好地把握作品内容。这篇文章不长，但我的要求是"谈一谈文章的大概内容，读懂文意"，要求你怎么来谈呢？选用以下中的一种方法：第一，一句话概括；第二，讲述大致的人（物）和事。任务明确了吗？

生：明确了。

生1：我选一句话概括：我家先后养了三只猫，因为各种原因失踪或者死亡，从此我家不再养猫。

师：是不是一句话？有没有将大致内容讲清楚？

生：是，讲清楚了。

师：这句话大家有没有似曾相识的感觉？

生：文章中的第一句。

师：文章中的第一句，还有呢？

生：最后一句。

师：和最后一句，很好，同学阅读时的语感很好，这是一句话概括了全文。如果其他同学用一句话概括我想也无非是这样，那下面看一看第二种了解文章大意的方法，"讲述大致的人（物）和事"。哪位同学来尝试一下？

生1：大致讲述的是我养三只不同猫的不同经历带给我不同的感觉，及我对第三只猫的内疚自责的情感。

师：好，重点在第三只猫上，是吧？请坐。老师给你们一点建议,如果别人没有看到这篇文章,他听了你大致的概括之后,他对文章的内容了解了什么? 应该说了解了作者先后养了三只猫,三只猫的不同经历,还有作者对哪一只猫的情感更重。那不同的经历在哪些方面,他知道吗?

生:不了解。

师:那我们同学有必要将大致的人(物)或事说出来,哪一位同学再说一说?

生1:我家养了三只猫,每一只猫都有不同的结局,并且我对第三只猫的感情更深,而且第一只猫的结局是死去,第二只是丢失,第三只是因为我的暴怒和虐待而死去的。

师:好,那老师来和你交流一下,第一只猫死去了是什么原因?

生1:病死了。

师:好,第一只猫病死了,第二只猫呢?

生1:被别人偷走了。

师:那第三只猫呢?

生1:受到我的冤屈。

师:好,其他同学在我和这位同学的交流中是否受到了启发? 大致的人和事不能太过于精确,太过于精确就是把课文的内容又读了一遍,必须有概括性,但概括中关键性内容又不能少,少了的话文章的大致内容又无法去了解,是不是? 所以,将来你们读书读到更高水平时,老师会让你们读更多的书,并将书的内容做一个总结,那就要用到这个方法了。

四、把薄书读厚

师:这一环节与前面正好相反,把薄书读厚(课件呈现)。什么叫"把薄书读厚"呢? 有时很短的文章比如一首小古诗,几十个字,我们也能写出几万字的心得,那是因为有自己的阅读体会、感受和理解,这就是我们这一环节的学习目的。我们来看一看,以第一只猫为例,细读课文,说说文章词句的妙处,读出味道。具体如何读,老师先来举个例子,文章的阅读要一句一句的读,每一句话都很重要,所以老师从第一句话开始,大家念一遍。

生(齐):我家养了好几次猫,结局总是失踪或孤立。

师:这么平凡的一句话,如果思考一下,这句话当中哪一个词使用得比较好?

生:总是。

师:还有同学选"好几次",为什么选这个词? 你来说一说。

生1:因为养猫和猫死亡都是很正常的事情,但是"我家养了好几次猫",写出了我们家人都很喜欢猫。

师:这与下文中的哪一个词联系起来啦?

生1:和下文中的"喜欢"联系起来了。

师:所以我说,文章当中的每一句话都与上下文相互关联,看得非常好,请坐。老师和其他同学选的一样,"总是"为什么好呢? 有时在文章当中遇到不好理解的内容时,你可以找一个近义词与它比较一下,"总是"与什么相近?

生:都是。

师:和老师选的一样,那如果把"总是"换成"都是",好不好?

生:不好。

师:不好? 请你读一读这句话,能感到其中的差别吗?

生1:把"总是"换成"都是","都是"表达的情感比"总是"淡。

师:"总是"表达了什么情感?

生1:心疼、惋惜。

师:文章后文还有哪些很好的词?

生1:心酸、难过。

师:用"都是"能否表达?

生1:不能。

师："都是"是一般性的描述和叙述。一词之差,味道不同。那下面就请同学在对第一只猫的描写中找出你认为很精妙的词语,大家一起来交流。

生1:我选的是第一段中的"白雪球"这个词,它不仅写出了第一只猫的颜色,也写出了作者对小猫的喜爱。

师:这是一个比喻句,老师有一个疑问,这句话写出了作者对猫的喜爱,怎么看出来的?

生1:写小猫像白雪球一样,带着作者的欣喜。

师:那如果改成"白绒球"行吗?

生1:不行。"白绒球"体现不出欣喜的感情。

师:是的,不是所有的比喻句都很精妙,作者把它比喻成"白雪球"的精妙就在于此。好的比喻句一定要将自己内心的情感表达出来,文章的比喻句就将三妹对猫的喜爱与惊喜的情感表达出来了。我请同学把这句话读一下,读的时候要把三妹惊喜的情感读出来。

生2:"毫无生意的、郁闷的、懒惰的躺着"与前文的"很活泼"进行对比,为下文小猫的病死做铺垫。

师:为小猫的病死做铺垫,那这部分写作上的手法有哪些?

生:对比、铺垫。

师:那老师再了解一下,"毫无生意的"中的"生意"是什么意思?

生:生气、生机和活力。

师:对,生机和活力。那"郁闷"这个词一般是用来表现人的心情,那在这里表现谁?

生:猫。

师:为什么这里用"郁闷"?

生:拟人的修辞手法。

师:为什么用拟人?

生:用拟人的修辞,可以更生动地体现出它生病时的可怜。

师：那为什么把不具有人的情感的动物写出人的情感和内心体会呢？

生：表现出作者对它的喜爱之情。

师：那不是一般的喜爱，是吧？

生：当作人来喜爱。

师：其实文章下文有这样的句子。一个词"小侣"，"侣"是什么意思？

生：伴侣。

师：伴侣、伙伴，所以把小猫当成自己的朋友、伴侣来写，作者是从内心当中就已经把猫当人了。还有吗？

生3："三妹想着种种方法逗它，它都不理会。我们都很替它忧郁。"猫生病了，三妹非常着急地想要让猫开心起来，与前文呼应，三妹是最喜欢猫的。

师：这里的"忧郁"是什么意思？

生：忧伤、郁闷。

师：不仅仅是忧伤，还有郁闷，虽然词很简单，但是它的词意很丰富。老师也发现了很多，来看看老师发现的内容（课件呈现）。"来回地拖摇着，它便扑过来抢，又扑过去抢"，为什么不直接说"来回地抢"？

生："来回地抢"太简单了，"它便扑过来抢，又扑过去抢"写出了过程。

师：过程更加细腻，仿佛让你看到这只小猫就在你身边调皮地玩耍，是吗？

师：所以，写作讲究详略得当，需要对写作对象细致地刻画时就应该详细描绘，这样的描写下文中还有。下面这句话"三妹特地买了一个很小很小的铜铃"，为什么强调"很小很小的"？

生：因为猫已经消瘦了。

师:这是从猫的角度来写它的状态,换一个角度来理解,写"很小很小的"能不能表现出人的心情呢?

生:在写的时候,反映出人物心中难受的心情,三妹时刻都在为猫着想,体现了三妹对猫的关切。

师:读别人的文字就像与他在面对面的交流,阅读时一定要了解文字背后的意思,这样就能感受到阅读的快乐。老师送你们一句话:阅读不一定是你将来的职业,但是一定要让阅读成为你的乐趣!

五、把文意读深

师:这篇文章写于1925年,距离现在近100年,它是想要和我们交代什么呢? 我们能从文中找出表达作者情感的词句吗?

生:伤心、难过。

师:一开始就伤心、难过吗?

生:不是,文章一开始更多的是对猫的喜爱。

师:谁最开心?

生:三妹,"我"也喜欢。

师:"我"和三妹相比,三妹更喜欢(板书)。然后到第一只猫病死时,我们的情感是?

生:伤心、难过。

师:为什么伤心、难过呢?

生:因为很喜欢。

师:越是喜欢的东西越怕失去。第二只猫呢? 我们的情感是?

生:更喜欢。

师:第一只猫是三妹非常喜欢,"我"也喜欢。第二只猫呢?

生:全家人都喜欢。

师:所以要加一个?

生:更。

师:这种喜欢不仅是在一起的时光,它死了以后呢? 我们内心更伤心。也从另一方面写出一家人对猫的更喜爱。第三只猫呢？

生：不大喜欢。

师：对第三只猫的情感是？

生：懊悔、自责。

师：通过拥有猫时对它的喜欢，失去猫时产生的难过，告诉我们什么样的主题？

生：要珍惜身边的事物。

师：我也赞同大家的看法。这篇文章正是因为那只不大可爱的猫、在我们的冤苦下死去的猫，让作者的内心受到深深的伤害。因此，我们能不能根据外貌和自己的喜好来评判一个事物？

生：不能。

师：有时不经意间的一个过错，在伤害别人的同时也会深深地伤害自己，是吧？

生：是的。

师：因为在生命的意义上，每一个生命个体都是平等的。所以，这篇课文也正是因为这种博爱、善美的情怀才流传到现在，所以我也希望大家记住这句话，记住郑振铎的《猫》，记住郑振铎内心中人性的光辉。我们很容易就喜欢上那些可爱的东西，也很容易不喜欢那些不可爱的东西，但我们要记住：在生命的意义上，它们都是平等的。这是这篇文章带给我们的启示。下课。

【执教感言】

《猫》这节教学课例被评为教育部2015—2016年度"一师一优课、一课一名师"活动的"优课"。

从教学设计构思到课堂教学实践，都贯穿目标教学思想的主线。在教学设计中，教学目标被有机地分解到教学过程的各个环节中，且都与具体的教学活动相融合。在课堂教学中，每个环节的教学也都是按照目标的内容要求开展,因此"目标引领、活动达成"的教学思路是这节课例所体现出来的最大特色。

另外,在课堂教学中,学生学习主体性的体现也较为明显。比如,在"了解作者"教学环节,当学生反映对作者不太了解时,教师提醒学生可以通过文下注释来自主学习;学生介绍自己阅读郑振铎的作品也是一个很好的教学点,学生个性化的学习过程和学习习惯的交流也是课堂上很好的教学资源。遗憾的是,在文章主题研讨上,要能给学生充分交流的机会,让学生在主题的研读中加深对博爱、善美主题的领悟,教学成效应该会更好一些。

在本节课教学中,课堂上的一些教学点拨与指导是适时到位的,这一点在词语评析和精妙语句赏析教学中体现较多。比如,当学生揣摩品味语句"小猫像白雪球一样"时,学生只能停留在比喻修辞的浅表层面,为了让学生的思维深入,教师适时点拨,"那如果改成'白绒球'行吗?"在这种点拨指导下,学生能体会到比喻修辞对于表达情感的作用,学生理解到了"白雪球"比"白绒球"更能表现出作者内心欣喜的感情。

在学法指导与构建上,教学思维也是很独到的。课堂教学思路"把词语读懂""把文章读短""把薄书读厚""把文意读深"体现了学法指导的教学思想。在环节内部,教师教学也注意学法指导,比如,落实教学目标"说说文章的大概内容,读懂文意"教学中,指导学生选用一种方法,即"第一,一句话概述;第二,讲述大致的人(物)和事"。通过这样的方法指导,学生概括文章或文段的能力会有所提高。

《紫藤萝瀑布》目标教学课例

【教学设计】

一、教材分析

《紫藤萝瀑布》是人教版初中语文七年级上册第四单元的第一篇课文,本单元的教学要求有两段话,对课文教学做了相应的指导。

第一段是针对作品主题而言的,"生活中有阳光雨露,也有风霜阴霾。追求美好的人生是我们共同的心愿。这个单元的课文从不同角度写出了作者对生活的思考、感悟,以及对美好人生的礼赞。阅读这些课文,将引导你思考人生,珍爱生命"。从这段文字中,我们可以知晓,这篇文章也是写出了作者对生命、人生的感悟,对美好生活的追求,同时在教学中要引导学生对人生的思考和对生命的珍爱。

第二段内容是对学法的指导,"本单元继续练习默读,力求做到眼到、手到、心到。不妨在课本上随手圈点勾画,标出关键语句,画出你喜欢的语句或者有疑惑的地方。在对课文整体把握的基础上,通过把握线索、抓住关键语句等方式,概括文章的中心"。文字中对"默读"的方法做了明确要求,对"关键语句"的学习、对"概括文章的中心"等学习内容也做了明确界定,这些都可以作为本篇文章教学的目标内容。

二、学情分析

七年级的学生,在学习这篇课文时,有了一定的词语积累及对写景特点的理解和掌握,在教师的指导与点拨下,学习起来不会有太大的问题。教学难点应该是在对文章情感的把握和对生命主题的理解上。文章由乐景到悲情、由悲情再到希望的情感脉络是学生不易理解的,文章写作背后作者的生活经历和人生历程也是学生无法了解的,这些内容在课堂教学中都需要教师适时的指导。

三、教学目标

(1)学习文章描写紫藤萝时用到的表现手法,品析文章中写景的语言。

(2)找出文章的关键句,理解并品悟文章情感,感受永恒的生命主题。

教学重点:对本文语言的品析。

教学难点:对作品主题的感悟与理解。

四、教学方法

点拨指导,对话交流。

五、教学课时

一课时。

六、教学过程

(一)解析标题,导入学习

标题中寓含了哪些信息? 以问题导入,引发学生关注文章标题。学生就文章的标题谈谈理解,包括对内容方面、表现手法方面的理解。

(二)品析手法,欣赏语言

教学目标(1),学习文章描写紫藤萝时用到的表现手法,品析文章中写景的语言。

(1)课件呈现景物描写的相关知识。

景物描写的相关知识:一,抓住景物的相关特征进行描写;二,分析景物描写的多种表现手法。如借用比喻、拟人等修辞手法刻画景物。

(2)学生在知识的引导下就文本相关内容进行思考、讨论。

(3)老师引导学生开展展示、交流活动。

(4)老师总结点评。

(三)品悟情感,感受主题

教学目标(2),找出文章的关键句,理解并品悟文章情感,感受永恒的生命主题。

(1)课件呈现理解文章主题的概括化知识。

一,抓住文章的文眼,理解文章的主题;二,理解文章的情感要抓住表现情感的关键字词;三,善于把握作者情感的变化,进而理解主题。

(2)学生根据知识的引导找出文章的主旨句,并通过朗读交流。

(3)师生共同研讨文章中作者情感变化的过程,并进而理解文章主题。

(4)补充文章的背景资料,帮助学生更好地理解主题。

课件呈现作者的家庭和生活经历材料,学生阅读并体会。

(5)主题引申训练:我们应该如何正视生活中的不幸?

要求:写一句或一段话。

(四)作业布置

完成文后练习。

【课堂实录】

一、解析标题,导入学习

师:上课!

生:老师好!

师:同学们好!今天我们来学习一篇文章《紫藤萝瀑布》,老师在写标题的时候请同学们思考一个问题,这个标题是写什么的?有什么特色?一分钟时间思考。

师:大家思考好了吗?给文章拟标题可不是小事情,蕴涵了作者的匠心。好,让我们第一个举手的同学回答。

生1:把这篇文章起名为《紫藤萝瀑布》这样很好,因为它可以写出紫藤萝这种植物盛开时的壮观景象。

师：是如何写出这种壮观景象的？

生1：运用了比喻的手法。

师：把开花时的壮观景象比作瀑布，是吧，然后写出了它的什么？

生1：写出了它的优美、壮丽。

师："优美、壮丽"是你的内心感受？

生1：是的。

师：你看，小小的标题，还有这么大的讲究，五个字的标题巧妙运用了一个比喻，言简意赅，意味无穷。哪位同学预习了作者的信息，给大家介绍一下。

生：宗璞，生于1928年，著名哲学家冯友兰之女，自幼生长于清华园里，1950年毕业于清华大学外文系，主要文学作品有短篇小说《红豆》。

师：这位同学介绍得很充分，课前一定查阅了一些资料，这种学习方法很好。这是一位非常令人尊敬的老太太，这张图片（课件呈现）是老师特意为同学们挑选的。让大家近距离地认识一下这位值得尊敬的老太太，你看看这张照片，给你们的印象是什么？

生：这位老太太很慈祥。

师：噢，很慈祥，就像你们的？

生：奶奶一样。

师：她生于1928年，原名是冯钟璞。宗璞应该说是她的笔名。她还有一个笔名……

生：任小哲。

师：大家了解的不少，她生于北京，是著名哲学家冯友兰的女儿。冯友兰是中国20世纪最具影响力的哲学家。为什么我在这个地方要多介绍一句呢？因为我们到高中的时候还要学习冯友兰先生的作品《生命的意义》。这节课,我们研讨的方法跟前几次课一样,老师只给你们提示问题。

二、品析手法,欣赏语言

师:这篇文章最有特色的地方是对紫藤萝开花的描写,那么分析文章中的景物描写要注意哪些相关知识呢? 老师整理了一些资料(课件呈现),大家读一读。

(学生读资料。)

师:好,结合这些知识,我们来完成第一个任务——抓住景物的相关特征,分析景物描写的相关手法。

师:请同学们自读课文,思考并准备交流。

(学生自读课文。)

师:首先,我们要搞清楚的是,本文写了什么景?

生1:紫藤萝。

生2:紫藤萝花。

生3:紫藤萝花盛开的景象。

师:哪一个更妥帖一点呢?

生:第三个,文章对紫藤萝并没有太多的描写,主要是在写花的盛开,写花盛开的景象。

师:大家赞同吗,赞同的举个手。

(学生举手。)

师:好,我们明白了,学习需要交流,交流是最好的学习方式,思维就是在这种交流中碰撞。那下面同学们相互间讨论交流一会儿,讨论的主题就是,结合文章的描写内容,紫藤萝花盛开有什么样的特征,作者在写的时候运用了哪些表现手法?

(学生开始分组讨论。)

师:讨论结束了吗?

生:结束了。

师:我们来展示讨论的成果。

生1:我们讨论的是这篇课文的第二个自然段,描写了紫藤萝花的特征。

师:什么样的特征?

生1:"像一条瀑布,从空中垂下,只是深深浅浅的紫,仿佛在流动,在欢笑,在不停地生长。紫色的大条幅下,泛着点点银光,就像迸溅的水花。"

师:你能再读一遍,读得有情感一些,更美一些吗?

(生1再读,带有情感。)

师:记住问题噢,盛开的花儿具有什么样的特征呢?

生1:"像一条瀑布",花儿很多,很美。

师:很好,"在欢笑,在不停地生长"呢?

生1:像人一样,有生命力,这是拟人。

师:真不错,一点就会。好的,继续。

生2:我们找到的是第三自然段,"花朵儿一串挨着一串,一朵接着一朵,彼此推着挤着,好不活泼热闹!"这句话运用了拟人的手法,把紫藤萝花拟作人。

师:记住问题。

生2:紫藤萝花盛开的特征。

生2:特征是旺盛的生命力。

师:特征是旺盛的生命力,对不对?

师:好的,"旺盛"这个词,文中有,看出来了吗?

生3:我找到了"盛"。

师:你把这句话念一遍。

生3:"从未见过开得这样盛的藤萝……也不见其终极。"

师:你再念一遍,记得带上情感,读得美一点。

生3:"从未见过开得这样盛的藤萝……也不见其终极。"

师:这样读就好一点了,所以一定要多读,这么优美的散文,如果你把它读得字正腔圆,非常流利且带有情感的话,会更美！记住朗读时不能添字、加字、改字、减字,这是最基本的要求。中间的哪一个字是它的特征?

生3:"盛"。

师:还有哪位同学要交流?

生4:我从第八自然段看到了紫藤萝花还有香味,"这里除了光彩,还有淡淡的芳香,香气似乎也是浅紫色的,梦幻一般轻轻地笼罩着我"。淡淡的芳香说明了紫藤萝花还有香味。

师:噢,还有香味,还有呢? 大家交流得不错,再找一找。

生5:"我沉浸在这繁密的花朵的光辉中,别的一切暂时都不存在,有的只是精神的宁静和生的喜悦。"这写出了紫藤萝花宁静的精神和对生的喜悦的表达。

师:这是不是花的特征?

生5:不是。

师:是什么? 从哪方面写的?

生5:内心方面,情感。

师:是的,当然这种情感也是看到盛开的花儿才感受到的,是吧?

师:刚才大家主要集中探讨紫藤萝花的特征,下面我们看一看,作者围绕这些特征,运用了哪些手法来描写、刻画。

生6:运用了比喻。

师:有哪些句子? 比如……

生6:"从未见过,……,互相挑逗。"

师:你读的内容有几句话?

生6:两句。

师:若选择一个句子赏析语言,你选择哪一句?

生6:第一句,这里把盛开的紫藤萝花比喻成瀑布,形象地表现了紫藤萝花的繁盛和气势,表现了生命力。

师:他的分析非常严谨,大家有没有注意他的分析过程,首先,第一句话是什么? 回忆一下。

生6:把盛开的紫藤萝花比喻成瀑布。

师:第二句话呢?

生6:形象地表现了紫藤萝花的繁盛和气势。

师:第三句话?

生6:表现了生命力。

师:大家把他分析的答案齐声地念一遍。

(学生集体朗读。)

师:这是第一句,哪个同学再起来赏析第二句。

生7:"紫色的大条幅上,……"把紫藤萝花比作迸溅的水花。通过作者对紫藤萝花的比喻,我感觉到作者非常喜爱紫藤萝花。

师:作者将紫藤萝花比作什么?

生7:迸溅的水花。

师:为什么要用"迸溅"的水花呢? 把这个词"迸溅"去掉好不好?

生7:不好。

师:为什么去掉就不好?

生7:没有活力了。

师:噢,没有活力。所以加个"迸溅"就具有了活力。在写景上,很多的文学家喜欢把静态的景物写得具有动态美。其实,刚才我们的同学在分析第一句的时候,也是这样的,盛开的繁花像瀑布一样,是不是也具有了动态美,要能体会出来。还有这样的句子吗?

生8:"仔细看时,……,在和阳光互相挑逗。"

师:这是什么修辞?

生8：拟人。

师：你来给同学们赏析一下。

生8：运用了拟人的手法，表现了紫藤萝花的顽皮。

师：你看这花儿顽皮得像小孩子一样。其实我问的这些问题要求是非常高的，这就是对文章语言的赏析，是大家必须具备的能力，是不是太难啊？

生：不是。

师：那大家再找一些句子来赏析，继续体验一下。

生9："只是深深浅浅的紫，仿佛在流动，在欢笑，在不停地生长。"写出了紫藤萝花生命力的旺盛。

师：写出了她的茂盛，"在流动，在欢笑，在不停地生长"也是把这种静态的景物写成动态的。

生10：这里还运用了排比的修辞手法，连续用了三个"在"，表现了花儿盛开时的美。

师：那你的回答给了我一个启发。"在流动"是从哪个角度写的？大家一起思考？

生10："在流动"把花比作水，写出了动态的美。

师："在欢笑"呢？

生10：写得具有人一样的神态。

师：我发现再难的问题，大家都能一一解答出来，三个词修饰的角度是不一样的，第一个词写出她的动态美；第二个词刻画了她的神态；第三个词"在生长"说明了她的活力。这一段写得非常精彩，大家分析得非常好，大家齐声念一遍。念的时候一定要有情感，有节奏。

（学生集体齐声朗读。）

师：你看作者在写静态景物时最喜欢用比喻、拟人的手法，写出了人一样的神态美和动态美。其实，下面还有一段写出了花的动态美,找到了吗?

生11:"花朵儿一串挨着一串……好不活泼热闹!"

师:用四个字概括花的特点,哪四个字?

生11:活泼热闹。

师:所以,学到这个地方,我们的两个问题完成了没有?

生:完成了。

师:第一个问题,景物的相关特征,紫藤萝花的特征是什么? 回顾一遍。

生:茂盛、活泼、热闹。

师:刚才还有一位同学补充的"芬芳"。手法呢,尽量多的运用拟人、比喻,把花写得具有动态美、神态美。这两个问题我们已经把它解决了,那这篇文章作者为什么要写呢? 作者写景的目的是什么?

生:表达作者的情感。

师:这是我们下一个环节要交流的内容。

三、品悟情感,感受主题

课件呈现知识与方法二:如何评析文章中作者的情感。

师:同学们齐声朗读一下。

(学生集体朗读。)

师:同学们先来找一下这几句话中的关键词,第一句话中的关键词是什么?

生:"文眼"。

师:第二句话?

生:"关键性字词"。

师:因为很多的情感在文章中,作者都要通过一些关键性字词表露出来。第三句话的关键词是什么?

生:"变化"。

师:什么变化?

生:"情感的变化"。

师:那行了,知道了这三个关键词,我们就来一个个的落实。第一个"文眼",这个概念你们熟悉吗?

生:熟悉。

师:在哪一课也学了?

生:第三课《蝉》这篇文章中。

师:《蝉》中间有一句话对吧。那你们告诉我什么叫"文眼"?

生:文章的中心句。

师:那这篇文章的中心句找到了吗?

生:找到了。

师:一个同学找到不算数,两个、三个、四个、五个、六个……我看哪一组举手的同学最多。

师:嗯,都找到了,请一位同学回答。

生1:第十段的第一句。

师:念一遍。

生1:"花和人都会遇到各种各样的不幸,但是生命的长河是无止境的。"

师:老师再请你带着情感读一遍。

生1:"花和人都会遇到各种各样的不幸,但是生命的长河是无止境的。"

师:这遍读得好不好?

生:好。

师:那我们大家向他学习,也把这句话读一遍。

(学生集体朗读。)

师:读得非常好,大家读书就要像这样去读。因为我们学的是美文,所以我们要把它的这种美欣赏出来。记住一句话"生命的长河是无止境的",是对于什么而言的呢?

生:花和人。

师:而且在什么状况下?

生:遇到各种各样的不幸。

师:那花有遇到不幸吗?

生:有。

师:在什么地方看出花遇到不幸?

生:第八自然段。

师:遇到什么样的不幸?

生:园中别的紫藤萝花架都拆掉了。

师:为什么拆掉了?

生:建果园。

师:那为什么建果园可以,种花不可以呢?

生:花和生活腐化有关。

师:不太理解吗? 这个问题我们等会再说。这是花的不幸,人的不幸呢?

生:再也看不见紫藤萝花了。

师:真的是这个吗? 我如果告诉你不是,还有比这更不幸的,在什么地方?

生:在第七自然段。"它带走了这些时一直压在我心上的焦虑和悲痛,那是关于生死谜、手足情的。"

师:"生死谜、手足情"是吧,这看不到比花更不幸。那我们来分析一下在花架被拆掉以后作者的内心情感,找到了吗?

生:遗憾。

师:那面对"生死谜、手足情"的时候,作者内心的情感是什么?

师:那老师给大家看一些资料(课件呈现),有些事情如果没有经历过那一段历史你就不一定能够理解。大家把这一段齐声读一遍。

（学生集体朗读。）

师：理解了吗？在那个年代作者无法看到开得这么繁盛的紫藤萝花，这是花的不幸。而人的不幸是1982年5月，弟弟身患绝症，她非常悲痛。在当年的10月28日，她的弟弟离她而去，离家庭而去，所以作者在追问生命的这个当口看到了盛开的紫藤萝花，在开得如此繁茂活泼的花面前，作者走出了焦虑和悲痛，感受到了什么？

生：精神的宁静和生活的喜悦。

师：我们找到了文章的"文眼"，抓到了这个主题，我们就理解了文章很多的东西，就像打开文章的钥匙一样，体会到了文章的情感。最后，作者感悟到了什么呢？面对不幸，生命的长河是无止境的，我请同学们把主旨句这一段齐声地读一遍，一定要带着情感。

（学生齐声朗读。）

师：我们简单地回顾一下，今天我们的第一个环节学了什么？

生：景物描写的相关知识。

师：第二环节呢？

生：理解文章主题，把握作者的情感。

师：大家表现得非常好，我们今天的课就学习到这里，下课。

【执教感言】

《紫藤萝瀑布》这节教学课例于2016年荣获第五届全国初中语文教师教学基本功展评优秀课例评比一等奖。

总结和反思这节课的教学，有以下体会和收获。

一、目标引领教学思路贯穿课堂教学的始终

纵观教学，无论是教学设计还是课堂教学过程，始终以目标引领为主线。两个教学目标"(1)学习文章描写紫藤萝的表现手法，品析文章中写景的语言；(2)找出文章的关键句，理解并品悟文章情感,感受永恒的生命主题",建构了课堂教学活动流程。教学有的放矢,学生学习对标达标;教学过程有目标引领,教学结束有目标总结。这样的设计和安排确保了课堂教学的成效,也使课堂教学纲举目张。

二、注重美文的朗读教学是提高学生语感能力的关键

教学中,教师将朗读教学融合进学生学习的每一个环节。比如,"师:你把这句话读一遍。生3:'从未见过开得这样盛的藤萝……也不见其终极。'师:你再念一遍,记得带上情感,读得美一点。生3:'从未见过开得这样盛的藤萝……也不见其终极。'师:这样读就好一点了,所以一定要多读,这么优美的散文,如果你把它读得字正腔圆,非常流利且带有情感的话,会更美!""师:读一遍。生1:'花和人都会遇到各种各样的不幸,但是生命的长河是无止境的。'师:老师再请你带着情感读一遍。生1:'花和人都会遇到各种各样的不幸,但是生命的长河是无止境的。'师:'这遍读得好不好?生:好。师:那我们大家向他学习,也把这句话读一遍。(学生集体朗读)。"这样的朗读教学针对性和时效性强,自然适时,落在实处。

三、注重全员育人理念在课堂教学实践中的有效体现

课堂教学的精彩是学生学习的精彩,学生学习的精彩是全体学生参与的精彩。全员育人教学理念不能仅仅停留在教师的思想层面,关键是落实,体现在教学实践中。本节课上,参与学习交流的学生为数众多,同时教师在教学中也注重观察全体学生的学习状况,适时引导,比如,"师:那这篇文章的中心句找到了吗?生:找到了。师:一个同学找到不算数,两个、三个、四个、五个、六……我看哪一组举手的同学最多。师:嗯,都找到了,请一位同学回答。"

全员育人的理念是课堂教学的良心和责任,也是课堂教学的艺术和智慧。

四、注重对话交流,充分尊重学生的学习精神

问题探究,对话交流是这节课例主要的教学方式,通过对话调动学生思维的积极性,探讨问题的解决方法;通过交流展示学习成果,辨明真伪。比如,"师:首先,我们要搞清楚的是,本文写了什么景? 生1:紫藤萝。生2:紫藤萝花。生3:紫藤萝花盛开的景象。师:大家看,交流是最好的学习方式,思维就是在这种交流中碰撞。哪一个更妥帖一点呢? 生:第三个,文章对紫藤萝并没有太多的描写,主要是在写花的盛开,写花盛开的景象。师:大家赞同吗,赞同的举个手。(学生举手)。"这当中,学生对一个问题的认识不能全都达到一致,在对话交流中,真知得到体现,认识才能提高。

另外,在本节课的对话教学中,教师在教学细节上也能充分地尊重学生的学习精神,鼓励和调动学生的学习情绪。比如,"生6:第一句,这里把盛开的紫藤萝花比作瀑布,形象地表现了紫藤萝花的繁盛和气势,表现了生命力。师:他的分析非常严谨,大家注意到了他的分析过程没有,首先,第一句话是什么? 回忆一下。生6:把盛开的紫藤花比喻成瀑布。师:第二句话呢? 生6:形象地表现了紫藤萝花的繁盛和气势。师:第三句话? 生6:表现了生命力。师:大家把他分析的答案齐声地读一遍。"教师对学生的肯定和赞赏没有停留在表面,而是体现在具体的活动过程中,这种精神鼓励是引领学生学习的最大动力。

《风雨》目标教学课例

【教学设计】

一、教材分析

《风雨》是人教版初中语文七年级上册第三单元的第三篇课

文。这一单元的教学要求在作品主题上有以下阐述："这些诗文以优美的语言，描绘了大自然的美景，抒发了亲近自然、珍惜生命、热爱生活的情怀。"因此，引导学生在学习中赏析语言及其描绘的大自然的美景，感受其中亲近自然、珍惜生命、热爱生活的主题应该是本文的教学目标之一。

在教学知识和方法层面，单元教学要求也做了阐述："要全身心投入，反复朗读，在整体感知内容大意的基础上，深入体会作者传达的微妙情感，揣摩和品味富有特色的语言，积累精彩语句。课文中多用比喻和拟人的手法，注意体会它们的表达效果。"这些单元教学要求，强调了"反复朗读""整体感知内容""揣摩和品味语言""积累精彩语句"等教学内容和教学方法，也应该是教学目标设定的重要参考和依据。

二、学情分析

这篇文章通篇写景，从内容上阅读难度不大，但要准确理解和领会文章情感、把握主题，对于七年级的学生而言，不是件容易的事，因此，教学中教师要善于引导和点拨。

三、教学目标

（1）能较为准确地概括文中段落大意，整体感知文章内容。

（2）能就具体的句段内容，从修辞手法或词语运用的角度，品味富有特色的语言，并能说出它们的表达效果。

（3）通过对文章内容的学习与理解，深入体会作者的微妙情感，并能用自己的语言谈谈对作品主题的理解。

四、教学方法

点拨法，对话交流。

五、教学课时

一课时。

六、教学过程

(一)教学导入

(1)引导学生了解作者。

(2)了解字词的预习情况。

课件呈现:给汉字注音、校正;根据拼音写汉字、校正。

(二)教学目标(1)

能较为准确地概括文中段落大意,整体感知文章内容。

第一步,指导学生阅读文章,明确每一段落的写作对象。

第二步,指导学生准确概括段落内容。

指导要求:

(1)仔细阅读,找出描写对象的主要内容。

(2)将找出的内容加工,概括要能大致再现课文内容。

(3)概括好后,学生们交流完善。

(4)老师组织交流,并引导学生做到准确概括。

示例:

第一段,树林子像面团,在狂风中鼓陷倒行、飘忽聚散、扭挤,落叶冲起乱飞及风中房舍、墙头。

明确:

第二段,垂柳乱得像麻团,被狂风抛举、拉直、扑撒;杨叶变着模样;芦苇倒伏、断裂,响着颤声。

第三段,狂风中断绳的羊,撞在树上,又跌在粪堆旁;牵羊女孩回不了家门,在狂风中旋转、叫唤。

第四段,树上的葡萄蔓松软,像死蛇般脱落;缠满苍蝇的电线粗壮,下坠成弧形。

第五段,从树端滚落的鸟巢,狂风中跌落的鸟儿。

第六段,巷道内,东贴西贴的废纸,跳上屋檐的猫儿,飘落的瓦片。

第七段,池塘中的浮萍,凸起,并被狂风吹上塘岸,鱼儿在草窝中蹦跳。

第八段,门窗紧闭的小屋,在风中作响。土炕上的老人捶着腰腿,小孩惊喜地放着纸船。

学生按要求阅读、思考并交流,逐步养成概括文段并准确反映文章内容的习惯。

(三)教学目标(2)

能就具体的句段内容,从修辞手法或词语运用的角度,品味富有特色的语言,并能说出它们的表达效果。

(1)如何准确理解句子的表达效果或作用?

先结合具体的修辞或细节性描写谈句子的意思及表现内容;再结合文段或文章谈这种描写的效果或作用。

示例:"树林子像一块面团了,四面都在鼓,鼓了就陷,陷了再鼓。"

赏析:将"树林子"比喻成柔软的"面团",形象地写出了"树林子"被风吹刮蹂躏的状态,以此表现风的狂猛程度。

(2)贾平凹语言的过人之处——在于比喻的延伸、画面的延伸。

学生理解掌握相关知识;学生运用知识,赏析文中的精彩语句。

(四)教学目标(3)

通过对文章内容的学习与理解,深入体会作者的微妙情感,并能用自己的语言谈谈对主题的理解。

问题引导:

(1)作者为什么写风雨? 作者透过对风雨的描写意在表现什么?

(2)如何理解文章结尾孩子们放纸船的情节?

(课件呈现一组图片,并引导学生思考如何升华作品主题。)

指导学生理解作者对诸多对象的刻画意在表现"风雨"的狂猛、

狂暴、威力及肆虐,借以表现自然的壮景与雄奇。

结尾对孩子放漂纸船的细节的刻画表现了孩子们的童真、童趣,再大的风雨也阻挡不了他们对自然的热爱。

(3)学生感受这种精妙的写作艺术。

学生在老师点拨中理解、领会并积极发表自己的见解和观点。

教师寄语:无论风雨多么狂暴,我们对生活都应永远保持孩子般的向往与纯真……

(五)作业布置

随堂布置。

【课堂实录】

一、教学导入

师:今天,我很高兴和大家聚在这里上一节课,学习一篇非常好的散文。之所以选这篇散文,是因为它很有特点。老师在读第一遍的时候就觉得它不好懂,所以这节课我们一起来学习交流一下阅读这篇文章后的感受。这篇《风雨》的作者是当代著名作家贾平凹,熟悉吗?谁来介绍一下?

生:贾平凹是一位农民的儿子,也是黄土地的儿子,他对土地有着深厚的感情。我读过贾平凹的《老生》。

师:你的阅读面很广。贾平凹有一些代表性的作品,比如他的长篇小说《秦腔》,获得了第七届茅盾文学奖,短篇小说《兵娃》等。今天要学的《风雨》则是一篇散文。老师还是觉得要强烈推荐一下这位作家,在贾平凹的众多照片中,我精心挑选了这一张(课件呈现),一看就是黄土地的儿子,朴实无华,目光慈祥。旁边这段文字是节选自中华网对他的评价:"贾平凹是我国当代文坛屈指可数的文学奇才,被誉为'鬼才',他是当代中国一位最具叛逆性、创造精神和广泛影响的作家,也是当代中国可以进入世界文学史册的为数不多的著名文学家之一。"这也是我的推荐理由。大家知道"贾平凹"这个名字的来历吗?

生:由"平娃"改为"平凹"的。

师:你真的很棒,对当代作家比较了解,说明你知识十分广博。老师节选了贾平凹《我的小传》中的几段文字来和大家分享,我们一起读一下。

(学生齐读。)

师:读完后我们就对"平娃"和"平凹"所代表的含义有所了解了,所以阅读可以拓宽我们知识的广度。既然要学习这篇文章,充分的预习必不可少,积累字词是语文学习的基础,下面请同学们拿出笔,在纸上为课件中的字词注音,然后我请一位同学起来读一读。

(学生读。)

师:读字词,发音要饱满,同时注意一些多音字,稍微难读的可以多读几遍。对于字词,我们既要会读也要会写,在纸上写一写。

(学生写。)

二、概括段意,感知内容

师:写的时候也要注意字的偏旁结构,课后有一个环节叫"读一读,写一写",仔细揣摩一下这六个字,"读一读"是提醒我们注意字的读音,"写一写"是提醒我们要注意字的字形,简单的六个字却有深厚的学问。下面请注意一下第一个学习目标:"能较为准确地概括文章的段落大意,把握文章内容。"概括文章大意,把握文章内容是语文学习的一个重要目标,这方面的学习,老师给大家一点思路:"第一步,对于散文,要找出段落中的描写对象,以叙事为主的文章要抓住人物和事件;第二步,找出对描写对象进行刻画的主要内容并概括,概括要大致再现课文的内容。"老师举个例子,对文中描写较长的段落进行概括,因为越是长的段落越难概括。你看,这段文字的描写对象是什么？

生：树林子。

生：树林子里的落叶。

生：房舍和墙头。

师：这些都是描写对象，对对象进行描写又有哪些文字？如"树林子像一块面团子，四面都在鼓……"下面还有对树林子的描写，"鼓""陷""倒""行""聚""散""挤""扭""冲起""乱飞""乱落"，所以这一段写出了树林子在风雨中飘摇的状态。因为是概括，概括需要精练，所以要选择最核心的词、最核心的内容，有没有发现老师概括的内容都是从哪儿来？

生：课文中。

师：这个方法学会了吗？学会了，我们就要来练练兵了，从第二段开始。

生：我觉得这段应该概括为"垂柳全乱了线条，杨叶千变万化，芦苇全然倒伏了，破裂出声。"

师：概括得很好，"破裂出声"概括得很好，因为它概括出了芦苇的特点，但前面有些不足，比如"垂柳"除了"乱了线条"还有什么特点啊？

生：抛举、僵直、扑撒。

师：所以我们可以这么说，"垂柳在空中被狂风抛举、拉直、扑撒"，这样动作感更为强烈。

生：我觉得第三段可以概括为"断了牵绳的羊在风中撑着，撞在树上，末了还是跌倒，女孩想要牵羊，在院子里旋转，无法回到家中"。

师：好，你的概括可否再精练一些。

生："撞在树上，末了还是跌倒"改为"撞树，跌倒"。

师：不错，这样就更为简洁了。我们继续。

生：第四段可以概括为"葡萄蔓攀附不住，像一条死蛇脱落下来，苍蝇集中在电线上"。

师：老师想提醒一下"攀附不住"可以用后面一句中的字来替代。

生：松软。

师："像一条死蛇脱落下来"呢？

生：脱落。

师：电线怎么样了？

生：下坠。

师：因此概括为"葡萄蔓松软、脱落，电线下坠"。精练，而且主要意思表达到位。

生：我认为第五段写了"鸟巢因风掉下去散了，鸟儿飘斜、坠落"。

师："因风"这个词用得精辟，前文没有写风，都是在借景物表现，这种写法叫什么？

生：侧面描写。

师：这是侧面描写的范例，"鸟巢因风掉在地上滚了几滚，散了"，可以说鸟巢怎么落的？

生：坠落、散落。

师："坠落"可不可以换一个词？书上说"瞬间石子般掉在地上"。

生：掉落、跌落。

生：鸟巢因风滚落，鸟儿飘斜、掉落。

师：继续。

生：第六段可以概括为"废纸在空中乱飞，猫跃上了房檐，瓦片斜着掉了下来"。

师："瓦片斜着掉下来"是怎么落的？

生:飘落。

师:概括得十分准确,那对猫儿的描写用了一个词。

生:精湿。

师:"精湿"就是"湿透了",预示着什么?

生:预示着雨下得很大。

师:这篇文章没有写一个"雨"字,通过猫儿"精湿"写雨,是什么描写?

生:侧面描写。

师:对,侧面描写往往能更好地表现写作对象。

生:第七段"石塘里的浮萍凸起来聚成锥形,几条鱼儿在岸上的草窝里蹦跳"。

师:鱼儿怎么到草窝里的呢?

生:被风雨冲上岸的。

师:老师认为"石塘"可以去掉,直接说"浮萍凸起,被风吹上岸,鱼儿在草窝蹦跳"。这样更精练。最后一段,再接再厉。

生:最后一段可以概括为"小木屋作响,油灯点不着,老人捶着腿,孩子们叠着纸船"。

师:折船干什么?

生:放漂。

师:"折船"和"放漂"哪个更重要?

生:放漂更重要。

师:留下更重要的,前面还说"门被关住了,窗被关住了,油灯还是点不着",能概括一下吗?

生:门窗紧闭。

师:非常好,花了这么长的时间和精力来做这项工作,为何这么做呢?大家都知道阅读精美的散文,一些微小的细节往往与主题相联系,千万不要忽视这些细节,你的眼光和大脑一定要穿过文字关注那些细枝末节,就能收获满满,这也是我们这个环节的教学目的。我们再来看第二个目标:"结合精美的句段内容,说出它们的表达效果。"

三、结合内容,品味语言

师:目标不陌生,那怎么做呢?老师建议大家一定要结合文章细节性的语言描写,来感受语言的魅力。老师举个例子:"树林子像一块面团了,四面都在鼓,鼓了就陷,陷了再鼓。"这句话运用了什么修辞手法?

生:比喻。

师:好,看看老师给的赏析范例,请读一读,一会需要大家自己来动手找。

(学生读。)

师:先说明这句话运用了什么修辞手法,再说说借比喻的手法写出了树林子的什么状态?

生:被风吹刮蹂躏的状态。

师:为何要这么写?要结合文章具体内容分析。那从写景的角度来说是什么写法?

生:侧面描写。

师:这样补充上去效果会更好,方法掌握了吗?那请大家自己选一两句话来说一说。

生:我选的是"垂柳全乱了线条,当抛举在空中的时候,却出奇地显出清楚,刹那间僵直了,随即就扑撒下来,乱得像麻团一般"。这句话运用了比喻的修辞手法,将"垂柳"比作"麻团",体现出了风的大。

师:将"垂柳"比作"麻团",后面能不能再补充一点?

生:将"垂柳"比作"麻团",写出了垂柳狂乱的模样。

师:对,这样解释,一听就明白了。除了修辞角度,还可以从其他角度来看,如这一连串的动词,它们就是细节性的展示,"抛举、僵直、扑撒"写出了垂柳被狂风蹂躏的状态。

生:"一个穿红衫子的女孩冲出门去牵羊,又立即要返回,却不可能了,在院子里旋转,锐声叫唤,离台阶只有两步远,长时间走不上去。"这句话是对穿红衫子的女孩的动作描写,写出了女孩牵羊无果,走不上台阶并在院子里的一系列动作,从而体现了风的猛烈程度。

师:分析得很好,这些句子都通过精细的描写指向"风雨"上去了,是不是每一段都有这样的句子?

生:都有。

师:那老师提前给大家布置一项课后作业,课后请同学们在文中找出三句话进行分析。

师:老师来总结一下贾平凹语言的特色。有一个人对他的语言有精到的评价:"贾平凹语言的过人之处在于比喻的延伸。"这是人民教育出版社副编辑刘真福的评价,他的评价直中贾平凹文章语言的特点。再分享一个人的评价:"贾平凹语言的过人之处在于画面的延伸。"这是我的评价。在中学学习的文学作品中,谁的比喻比较有名?朱自清先生的比喻有名,比如《春》《荷塘月色》,老师认为贾平凹的比喻更有艺术感,前面学习的"树林子"从比喻延伸下来,中间用了分号,代表动作的不断延伸。除了动作的延伸还有画面的延伸,如"女孩子"的例子,一个一个画面出现。为什么老师要把这些评价展示出来,因为对同学们的写作很有帮助,描写一个对象,一定要把比喻延伸、把画面延伸,写出动作感和画面感。

四、体会情感,把握主题

师:下面我们来共同研讨一下文章的主题。老师读第一遍时不理解这样一位大家为何要写这篇小短文,读到七八遍的时候慢慢有了一些认识。请大家关注两个问题:一,作者为何写风雨?作者写风雨意在表现什么？二，如何理解文章结尾"孩子们放纸船"的情景？

生：我回答第二个问题，我认为是为了突出孩子天真无邪的心灵，文章写屋外被风雨摧残不堪，屋内孩子们却惊喜地叠着纸船放出去，写出孩子们的天真。

师：在什么背景下写出的？

生：风雨。

师：好，有了背景就有了前提。文章说孩子们怎么叠纸船？

生：惊喜地。

师："惊喜"可以体现孩子们的快乐，所以理解作品主题要抓住文中描写对象的情感。

生：我回答第一个问题，作者写风雨和当时的时代背景有关，当时中国正面临政治和经济上的改革，作者正想反映当时的社会背景。

师：这位同学读的书很多，当代文坛的许多作品的确反应时代背景，我们了解文章时也需要了解它的背景，作品背景也是文章写作的缘由。当然我们还要通过文中的一些生动的细节来感受作品的主题，这篇文章的结尾写孩子的惊喜与前文风雨的猛烈、狂放、肆虐形成反差，作者是否有什么特别的意图呢？在思考中，老师想补充一组图片，这一组图片都是人们在风雨中活动的场景，它们都有自己的主题。有风雨中为生活奔波的劳累，有风雨中为孩子遮蔽的爱心……大家从中体会到了吗？

生1：在风雨中的辛劳。

生2：让人感到温暖的画面。

师：对，文字和图片是一样的，只不过表现形式不同，都有自己的主题。好，这篇文章我们就研讨到这里，最后送给大家一句话：不管风雨如何，热爱生活都是永恒的话题和主题，希望同学们今后不管遇到的风雨多大,始终保持一颗热爱生活的心。好,下课!

【执教感言】

这节课例是笔者在承担"安徽省教育学会初中骨干教师高端培训"项目指导时的教学研讨课。

就作品本身而言,这篇文章教学起来是有一定难度的。作品的故事性不强,通篇写景,并且写景也不是按照固定的视角来层层描绘。作者写景时的思维是跳跃式的,写景的点是散漫式的;文章的情感表达也是隐性的,无法直接读出。所以,如何思考这篇文章的教学,选取合适的教学内容和教学视角是课前教学构思时需要面对的首要问题。

深入地阅读文章以后,笔者将教学的视点放在"分段概括内容""品味作品语言"和"感受文章主题"上,之所以选择这三个教学点,主要基于以下考虑:

首先,了解内容是读懂文章的前提,而本文写景的点很多,内容很分散。通过"概括内容"的形式将这些点找出来,理解体会,既教会了学生概括这一类写景散文内容的方法,又借机引导学生深入到文本中去,让阅读不至游离于文本之外,为下文"品味语言""感悟情感"做了教学铺垫。

其次,文章语言上最大的亮点是写景中比喻手法的运用。刘真福评价本文语言的精妙之处"在于比喻的延伸",是很精当的。比如,"树林子像一块面团子,四面都在鼓,鼓了就陷,陷了再鼓;接着就向一边倒,漫地而行;呼地又腾上来了,飘忽不能固定;猛地又扑向另一边去……"这种比喻让景物的状态延伸,让文章语言充满无限张力。教学中让学生领会和感受,无疑对其写作是有帮助的。为了引导学生更深入地思考和体会"贾平凹语言的过人之处",笔者又总结了一句"贾平凹语言的过人之处在于画面的延伸"。教学的目的是想引导学生对语言的赏析从技术层面到达体验、想象层面。

最后,对这篇文章主题的理解是一个难点。文章写"风雨"意在表达什么？学生在学习中不易体会和感受,需要老师引导和点拨。前面两个环节的教学看似是"概括内容"和"品味语言",实则是为这个环节做铺垫。但即使有这样的铺垫,学生对主题的把握也很难到位。因此,在教学中还需要引导学生通过具体的写景语言来捕捉情感,另外,课堂上利用生活当中一些人们在风雨中活动的摄影作品,如风雨中的清洁工、父为子遮挡风雨等照片,来引导学生完成从形象的文字画面到对抽象情感感悟的过程。

主要参考文献

一、著作类

[1]安德森.布卢姆教育目标分类学:分类学视野下的学与教及其测评[M].蒋小平,张琴美,罗晶晶,译.北京:外语教学与研究出版社,2009.

[2]马扎诺,肯德尔.教育目标的新分类学[M].2版.高凌飚,吴有昌,苏峻,译.北京:教育科学出版社,2012.

[3]阿兰兹.学会教学[M].6版.丛立新,等译.上海:华东师范大学出版社,2007.

[4]安德森,等.学习、教学和评估的分类学[M].皮连生,译.上海:华东师范大学出版社,2008.

[5]庞维国.自主学习——学与教的原理和策略[M].上海:华东师范大学出版社,2003.

[6]张秋玲,王彤彦,张萍萍.新版课程标准解析与教学指导:初中语文[M].北京:北京师范大学出版社,2012.

[7]张秋玲.语文教学设计:优化与重构[M].北京:教育科学出版社,2012.

213

［8］代蕊华．课堂设计与教学策略［M］．北京：北京师范大学出版社，2005.

［9］顾明远．教育大辞典（增订合编本）（上）［M］．上海：上海教育出版社，1998.

［10］郑桂华．语文有效教学——观念·策略·设计［M］．上海：华东师范大学出版社，2009.

［11］孙亚玲．课堂教学有效性标准研究［M］．北京：科学教育出版社，2008.

［12］张春兴．教育心理学：三化取向的理论与实践［M］．杭州：浙江教育出版社，1998.

［13］黄厚江．语文的原点：本色语文的主张与实践［M］．南京：江苏教育出版社，2011.

［14］熊梅，路海东．启发式教学实验研究［M］．长春：东北师范大学出版社，1999.

［15］汤胜．语文高效课堂——基于目标·知识·活动的研究［M］．合肥：安徽教育出版社，2012.

［16］汤胜．目标引领、活动达成——初中课堂精品课例展示［M］．芜湖：安徽师范大学出版社，2017.

二、期刊类

［1］吴蕾，裴文瑜．重新理解"学情分析"［J］．人民教育，2014（3）：44-47.

［2］郑国雄．目标达成度的三维评价法［J］．科学教育，1995，1（1）：26-28.

［3］李茂森，孙亚玲．论有效教学中教学目标的性质及其价值——读《课堂教学有效性标准研究》［J］．内蒙古师范大学学报（教育科

学版),2006,19(1):129-132.

[4]汤胜.初中语文体悟教学训练策略研究[J].学语文,2010(3):9.

[5]汤胜.教必须有效,学必须快乐——马鞍山市第八中学"导学练结构教学"简述[J].中学课程辅导,2011(9):3-4.

[6]汤胜.删繁就简、循清溯源——谈语文课堂如何将语言教学落到实处[J].中学课程辅导(教师通讯),2011(11):13-15.

[7]汤胜."问"出课堂的精彩——课堂教学提问活动述评[J].中学课程辅导,2014(5):3-4.

[8]汤胜.目标指引、学法构建——《桥之美》教学实录[J].语文教学通讯,2014(C2):87.

[9]汤胜.在"对话"中体验课堂的精彩[J].生活教育,2015(11):81-82.

[10]汤胜.课堂教学目标设定问题探讨[J].安徽教育,2016(2):33-34.

[11]汤胜.浅谈目标教学理论在初中语文课堂中的实践意义[J].语文教学通讯,2016(8):79-80.